Kohlenhydrate sind keine Dickmacher

Impressum

Autorinnen:
Mag. Christina Lachkovics-Budschedl
Sandra König
Lektorat: Elfi Jirsa
Korrektorat: Franz Ebner
Coverfoto: www.iStockphoto.com
Alle restlichen Bilder: www.iStockphoto.com
Cover und Layout: Oskar Kubinecz
Druck: Druckerei Theiss GmbH, A-9431 St. Stefan

ISBN: 978-3-7088-0514-6

2. Auflage, März 2011

Christina Lachkovics-Budschedl
Sandra König

Kohlenhydrate sind keine Dickmacher

Garantiert abnehmen mit dem 10-Wochen-Plan

Nach der fit10© Methode

kneipp verlag
WIEN

Inhalt

6 Vorwort
8 Einleitung
10 fit10© – der Name

12 Essen ist Leben

20 Gehen Sie nicht in die Falle

25 Schlank werden, Fett verlieren

32 Tipps zum Durchhalten

35 Viel essen, dabei schlank und gesund werden

39 Gehen Sie es an – der erste Schritt ist der wichtigste

54 Der 10-Wochen-Plan

58 Woche 1 bis 3

66 Woche 4 bis 7

76 Woche 8 bis 10

80 Noch 3 bis 4 Wochen bewusst essen

86 fit10©-Rezepte

92 Häufig gestellte Fragen

100 Protokollblatt
106 Zu guter Letzt – Danke!

Fallbeispiele
16 Leopold
28 Regine
52 Thomas
72 Lisbeth
82 Elisabeth
102 Claudia

Der schlanke Weg aus dem Diäten-Dschungel

Nach meinem Studium der Ernährungswissenschaften bin ich mehr oder weniger per Zufall in die Ernährungsberatung gekommen. Die Arbeit mit Menschen hat mir immer schon großen Spaß gemacht. Da ich sehr gerne Dinge erkläre, vor allem auch sehr gerne Menschen motiviere und Mut zuspreche, war bzw. bin ich in meiner Arbeit glücklich und erfolgreich. Ich habe von Anfang an versucht, den Menschen sinnvolle Ernährung in unkomplizierter und alltagstauglicher Form beizubringen.

Seit vielen Jahren beschäftige ich mich nun also mit dem Thema Ernährung, und das sehr praxisnah. Ich sitze nicht am Computer und schreibe Studie um Studie, sondern stehe in Klassenräumen, in Kindergärten, in Betrieben, berate Menschen. Ich traue mich zu sagen, dass ich jede vorstellbare und unvorstellbare Situation der Ernährungsproblematik bisher kennen lernte. So habe ich die Entwicklung der Ernährungssituation mitverfolgt, bin selbst dennoch meiner Linie, der ausgewogenen, regelmäßigen und einfachen Ernährung, stets treu geblieben.

Ernährungsexperten arbeiten viel zu oft gegeneinander statt miteinander. Vor allem für Laien ist es nicht einfach, sich zurechtzufinden. Niemand weiß mehr, was nun richtig oder falsch ist, was man essen darf, soll oder nicht soll. Kann man tatsächlich so viel falsch machen? Eigentlich nicht, aber die mediale Aufbereitung und Verbreitung des Themas Ernährung hat es tatsächlich geschafft, dass eine lebenserhaltende Maßnahme, nämlich Essen, zu einer praktisch nicht lebbaren Wissenschaft stilisiert wurde. Laufend werden neue Studien veröffentlicht, werden Nährstoffe unter die Lupe genommen, wird untersucht, wie viel davon der Mensch braucht. Aber warum sollte es wichtig sein, den Bedarf in Mikrogramm eines Vitamins oder anderer Nährstoffe zu ergründen und zu diskutieren, wenn das in der Praxis nicht umzusetzen ist.

Kein Wunder also, dass das natürliche Gefühl für richtige, gesunde Ernährung immer mehr Menschen abhandengekommen ist. Und dass viele Menschen unter ihrem Übergewicht leiden. Für sie werden kalorienarme Lebensmittel entwickelt und man (er)findet laufend neue Methoden, um überschüssiges Gewicht zu reduzieren, meist auf der Basis neuer Theorien zur Übergewichtsentstehung. Es gibt nur eine zielführende Strategie: ausreichend essen, damit man nicht heißhungrig wird und dadurch ständig zu den falschen Lebensmitteln greift.

Es werden laufend neue Lebensmittel auf den Markt gebracht, die angeblich noch gesünder, noch besser sind. Trotzdem steigt die Zahl der ernährungsbedingten Erkrankungen weiter, nehmen die Allergien zu und werden vor allem die Gewichtsprobleme damit nicht beseitigt. In vielen Diäten werden Lebensmittel empfohlen, die man in normalen Supermärkten nicht bekommt, werden solche, die man bisher gut vertragen hat, aus dem Ernährungsalltag gestrichen. Und so hat uns die ständige Suche nach einer neuen, erfolgreichen Diät ins totale Diäten-Chaos geführt.
Es ist an der Zeit umzudenken.

Die Nachfrage nach einem Buch über meine Sicht der Ernährungssituation, meine Vorschläge zu deren Verbesserung und vor allem über die von mir entwickelte Methode fit10© zum Wieder-richtig-essen-Lernen und Abnehmen war und ist riesengroß. Voilà, hier ist es also.

Mag. Christina Lachkovics-Budschedl

Einleitung

Der leichte Weg zurück ins einfache Essverhalten

Ich möchte Ihnen zeigen, wie leicht es ist, auf seinen Körper zu hören, ihm die richtigen Mahl-Zeiten zu geben, damit er die notwendige Energie für den Alltag erhält – und dabei auch noch Körperfett verbrennt.

Sehr lange schon bin ich in verschiedenen Firmen in der betrieblichen Gesundheitsförderung tätig und unterstütze dort die Angestellten bei ihrer Ernährungsumstellung, zeige ihnen, wie sie ihre Essgewohnheiten einfach verändern und ihr Gewicht dauerhaft reduzieren können. Ich habe für die Mitarbeiter die altbekannte Art der Ernährungsmodifizierung „neu" verpackt, den Menschen einen nachvollziehbaren Fahrplan in die Hand gegeben. Dieser Plan war und ist aber keinesfalls eine strikte Vorgabe, dafür hätte ich in die Einkaufsgewohnheiten eingreifen müssen. Die Methode musste unabhängig von Arbeitszeit, Vorlieben, Unverträglichkeiten, Familienstand usw. sein, ein Grundgerüst, das dennoch ganz individuell auf Gegebenheiten wie Alter, Geschlecht, Lebensstil, z.B. vegane Ernährung, Menopause, Medikamenteneinnahme, Erkrankungen, wie etwa Schilddrüsenprobleme, Diabetes, Migräne usw., eingestellt werden konnte. Heute kann ich mit Stolz behaupten: Es ist mir gelungen. Der Plan hat all diesen Anforderungen entsprochen und kann auf jeden Menschen individuell abgestimmt werden. Durch die konkrete Vorgabe und die Einzelheiten, die ich in den Plan hineingearbeitet habe, konnten und können sich meine Klienten sehr gut orientieren, sich daran festhalten. Es zeigt sich, dass die Methode von allen, die das wollen, leicht angewendet werden kann.

Die Methode ist keine Diät, sondern der Fahrplan zurück ins richtige Essverhalten. Ich möchte Sie sanft aus dem Ernährungsirrgarten herausführen, zeigen, wie Sie Ihren Körper richtig und sinnvoll ernähren, Ihre Fitness verbessern, dabei Ihr Gewicht reduzieren und danach auch halten können, wie einfach es also ist, sich richtig zu ernähren und dabei auch noch abzunehmen. Und das Ganze in nur 10 Wochen.

Nach der
fit10©
Methode

fit10© – der Name

Der Name fit10© lag auf der Hand: Da es ein 10-Wochen-Programm ist, musste ich nicht lange danach suchen und habe gemeinsam mit meinen Klienten festgestellt, dass man nach diesen 10 Wochen wieder richtig fit ist. Und dieses Ziel wurde mittlerweile schon tausendmal erreicht! fit10© funktioniert bei jedem. Egal ob 25 oder 75 Jahre alt, egal ob Mann oder Frau, egal ob sportlich und unsportlich, egal ob Schilddrüsenunterfunktion oder Schilddrüsenüberfunktion, ob Menopause oder … Der Ernährungsplan wird auf jeden Menschen individuell abgestimmt.

Meine Methode ist wahrscheinlich die Diät-Revolution schlechthin. Denn sie ist das Gegenteil von so vielen anderen derzeit präsenten Schlankmacher-Trends. Hier wird Ihre Kost weder getrennt noch werden Kohlenhydrate zur Gänze weggelassen oder das Eiweiß aufgespaltet. Gleichzeitig möchte ich Ihnen bewusst machen, wie wichtig Kohlenhydrate für unseren Körper sind. Sie erfahren in diesem Buch, was in Ihrem Körper passiert, wenn Sie Kohlenhydrate essen und wie Sie sich mit diesem Wissen richtig ernähren. Leider haben in den vergangenen Jahren die Kohlenhydrate, also Nudeln, Reis, Kartoffeln und Brot, sich den Ruf, Dickmacher zu sein, erworben. Meine Methode liefert den Beweis, dass es genau umgekehrt ist. Bei meiner Methode geht es hauptsächlich um die richtige Menge an Kohlenhydraten, die gegessen werden soll oder muss, damit es überhaupt zu einer Fettverbrennung kommen kann.

10 Wochen fit10© – und was dann? Sie haben den Start in die neue Ernährung geschafft. Sie wissen nun, worum es geht und was wichtig ist. Es wird danach kein Zurückfallen ins alte Essschema mehr geben. Die neue Ernährung wird Ihr Leben zum Positiven verändern. Sie werden mehr Freude, mehr Vitalität und mehr Energie im Alltag finden. Sie können ganz normale Lebensmittel einkaufen. Die gute, gewohnte Hausmannskost passt gut zu der neuen Ernährung, wenn nicht gerade täglich sehr fette und üppige Speisen auf dem Speiseplan stehen.

Die Methode lässt sich leicht in den Familien- und Berufsalltag integrieren. Einkaufen und Kochen wird an den Tagesablauf angepasst. Ihr Haushaltsbudget wird nicht zusätzlich belastet. Im Gegenteil: Viele meiner Klienten erzählen, dass sie jetzt sogar sparsamer einkaufen, weil sie Lebensmittel, die sie in vorangegangenen Diäten verwenden mussten, nun nicht mehr brauchen.

Essen ist Leben

Wie wir wieder richtig essen lernen

Warum essen wir eigentlich? Klar, weil es uns schmeckt. Aber in erster Linie essen wir, um zu funktionieren, um zu leben. Das wissen sogar die Kinder in den ersten Volksschulklassen, wenn ich sie danach frage. Leider wird das heutzutage sehr oft vergessen. Allerdings nur bei uns, in der „reichen" Welt, denn in Entwicklungsländern werden die Menschen tagtäglich damit konfrontiert, dass sie Essen brauchen, um zu leben. Dort verhungern täglich viele Menschen. In solchen Ländern macht sich keine Frau Gedanken darüber, dass sie vielleicht eine zu große Portion isst oder auf ein Dessert verzichten sollte.

Die Menschen haben im Laufe ihrer langen Evolutionsgeschichte gelernt, die für sie beste Nahrung zu essen. Es ist ein Mix aus Eiweiß, Fett und Kohlenhydraten, angereichert mit Vitaminen, Spurenelementen. Leider haben die Menschen aber in jüngerer Zeit verlernt, sich nach diesen bewährten Vorgaben zu ernähren, vor allem in unserem Kulturkreis. Ursache ist ein Überangebot an preisgünstigen Nahrungsmitteln, die zum ungezügelten Schlemmen verführen, ein Lebensstil, der regelmäßiges Essen schlecht möglich macht etc. – viele andere Gründe wären noch zu nennen. Die Folge davon ist, dass viele Menschen unter Übergewicht und zusätzlich noch an ernährungsbedingten Erkrankungen leiden. Wir müssen umdenken, wieder richtig essen lernen.

Kohlenhydrate – schlanker als ihr Ruf

Eine ganz wichtige Zutat im gesunden Nahrungsmittel-Mix sind die Kohlenhydrate; davon sollte man pro Tag am meisten essen. Tun wir auch gern: Schokolade, Kuchen, Gebäck, Brot, Reis, Nudeln & Co machen satt und glücklich, schenken uns Energie. Aus dem Angebot sollte man klugerweise die richtigen Kohlenhydrate auswählen, wenig einfache, mehr komplexe Kohlenhydrate. Denn die machen zum Beispiel länger satt.

Was passiert in unserem Körper, wenn wir Kohlenhydrate essen? Die einfachen und komplexen Kohlenhydrate (Stärke) werden mit Hilfe von Enzymen aufgespaltet – es entsteht Einfachzucker (Glucose), und nur dieser kann die Blut-Hirn-Schranke passieren, das Gehirn mit lebensnotwendiger Energie versorgen. Energie brauchen wir auch, um unseren Körper auf „Betriebstemperatur" zu halten, alle Stoffwechselvorgänge zu ermöglichen – und nicht zuletzt, um die Fettverbrennung anzufachen. Ein Effekt, von dem in diesem Buch noch öfter die Rede sein wird.

Kohlenhydratreiche Ernährung bedeutet: nährstoff-, ballaststoff- und energiereiche Versorgung. Kohlenhydratreiche Lebensmittel könnten unterschiedlicher nicht sein: Einerseits gibt es Süßigkeiten wie Mehlspeisen, Schokolade und diverse Naschereien, die reich an den weniger günstigen kurzkettigen oder auch einfachen Kohlenhydraten, sprich: Zucker sind. Und andererseits gibt es Brot, Reis, Nudeln, Kartoffeln usw., die so genannte „komplexe“ Kohlenhydrate enthalten.

Kohlenhydrate in Lebensmitteln

Einfache:
Süßigkeiten aller Art
Kuchen
Brioche
Konfitüre und Honig
Weißbrot, Gebäck aus Auszugsmehl
Obst

Komplexe:
Brot
Reis
Nudeln
Kartoffeln
Hülsenfrüchte (Linsen, Bohnen)
Müsli (geschrotetes Getreide)

Einfach, doppelt, komplex – die kurzen und die langen Ketten

Stellen Sie sich bitte Kohlenhydrate wie Büroklammerketten vor. Eine Büroklammer stellt immer einen Zuckerbaustein dar. Wenn man Kohlenhydrate mit der Nahrung aufnimmt, hat die Verdauung die Aufgabe, die Kohlenhydrate in die kleinsten Einheiten, die einzelnen Zuckerbausteine, zu zerlegen. Enzyme, wie zum Beispiel die Amylase, sind wie kleine Scheren, die die Zuckerbausteine der Reihe nach von der Kette schneiden. Denn Zucker kann nur als einzelner Baustein vom Darm ins Blut abgegeben werden.

Es gibt nun einfache Kohlenhydrate, wie zum Beispiel Fructose (Fruchtzucker), Saccharose (Haushaltszucker) oder Laktose (Milchzucker). Diese Kohlenhydrate bestehen aus nur ein oder zwei Zuckerbausteinen – eine Büroklammer wie bei der Fructose (Fruchtzucker), zwei Büroklammern bei Saccharose und Laktose.

Süßigkeiten, wie Mehlspeisen, Schokolade, Gummibären und Ähnliches, enthalten Saccharose (Haushaltszucker), das heißt viele Zuckerketten, bestehend aus nur je zwei Zuckerbausteinen. Je weniger Zuckerbausteine aneinandergehängt sind, umso süßer schmeckt ein Lebensmittel. Es ist im Verdauungsprozess natürlich sehr einfach, nur zwei Zuckerbausteine zu teilen, zwei Büroklammern voneinander zu trennen. Es werden sehr schnell viele einzelne Zuckerbausteine frei, die alle auf einmal ins Blut abgegeben werden. Der Blutzuckerspiegel steigt rasch und hoch an, wenn man Süßes isst, als Folge wird viel Insulin freigesetzt. Man spricht auch von einem hohen glykämischen Index (siehe unten) dieser Lebensmittel – der raschen Wirkung auf den Blutzucker.

Insulin ist ein Hormon, wie ein Schlüssel „sperrt“ es die Zellen auf, ermöglicht den Zuckereinbau in die Zellen zur Energiebereitstellung. Insulin sorgt auch dafür, dass Eiweiß in die Muskeln und Fett ins Fettdepot eingelagert wird. Viel Süßes essen bedeutet einen hohen und vor allem raschen Insulinausstoß, und der begünstigt die Fetteinlagerung. Ihren Ruf, Dickmacher zu sein, verdanken die Kohlenhydrate also den einfachen Kohlenhydraten, den Süßigkeiten und Co. Die komplexen Kohlenhydrate, auch Stärke genannt, bestehen aus sehr langen, stark verzweigten „Büroklammerketten“. Es dauert daher viel länger, bis die entsprechenden Enzyme alle Zuckerbausteine abgeschnitten und ins B lut abgegeben haben. Daher steigt der Blutzuckerspiegel auch langsam und flacher an. In Brot, Nudeln, Kartoffeln usw. sind komplexe Kohlenhydrate enthalten – isst man diese Lebensmittel, kommt es zu einem langsamen Blutzuckeranstieg, parallel auch zu einer geringeren Insulinfreisetzung. Das bedeutet eine langsamere, aber effizientere Verwertung und anhaltende Sättigung, da der Blutzucker wegen des niedrigeren Insulinspiegels auch langsamer abfällt. Lebensmittel mit „langen“ Zuckerketten schmecken nicht süß, können aber durch ein Kauexperiment (siehe Kasten) süß gemacht werden.

Kautest

Kauen Sie einen Bissen Brot so lange, bis er süß schmeckt. Wieso funktioniert das? Das Enzym Amylase spaltet bereits im Mund die für uns so wichtigen Kohlenhydrate in die verwertbaren Zuckerbausteine auf. Das ist ein Zeichen dafür, wie wichtig Kohlenhydrate in unserer Ernährung sind, werden sie doch ganz am Beginn des Verdauungssystems zerlegt und können so verwertet werden. Das Enzym für die Eiweißverdauung dagegen wird erst im Magen freigesetzt.

Laktose – wenn man sie nicht verträgt

Milchprodukte zählen seit jeher zu unseren Grundnahrungsmitteln. Milch ist für Jung und Alt ein idealer Kalziumlieferant für die Knochen. In Milchprodukten ist Laktose, Milchzucker, enthalten, der manchen Menschen Probleme macht. Hier kann der Körper nicht ausreichend jenes Enzym, jene Schere produzieren, die diesen Zweifachzucker trennt. Zwei Zuckerbausteine, die noch aneinandergekettet sind, können nicht ins Blut abgegeben werden. Laktose bleibt im Darm. Dieser Zucker kommt nicht in den Blutkreislauf, steht daher auch nicht der Energieversorgung zur Verfügung und verursacht im Darm Beschwerden wie Blähungen, Durchfall usw. Menschen, die an einer Milchzuckerunverträglichkeit leiden, vertragen sehr oft Joghurt oder Käse. Das liegt daran, dass der Laktosegehalt in gesäuerten Milchprodukten meist gering ist, da die Milchsäurebakterien den Milchzucker aufspalten und wir ihn so verwerten können. Kann man keine Milchprodukte essen, so ist Sojamilch eine mögliche Alternative.

Nahrungsmittelunverträglichkeiten: Laktose und Vollkorn

Bauchgefühl und Hausverstand helfen, Nahrungsmittelunverträglichkeiten auf die Spur zu kommen. Wenn man jeden Tag Kakao trinkt und kurz darauf unter starken Blähungen oder sogar Durchfall leidet, dann kann man fast davon ausgehen, eine Laktoseunverträglichkeit zu haben. Was macht man dann? Man lässt den Kakao weg. Wenn die Beschwerden ausbleiben, wird man den Kakao weiterhin meiden, da offensichtlich die Milch diese Probleme hervorgerufen hat. Hören Sie auf Ihren Körper, er zeigt Ihnen, was ihm guttut und was nicht.

Oder: Vollkornprodukte gelten als besonders gesund und wertvoll, sie sind sehr nährstoff- und ballaststoffreich, enthalten viele Vitamine, da das gesamte Getreidekorn verwendet wird, also Schale, Mehlkörper und Keimling. Aber: Wenn Sie Vollkornbrot, Vollkornnudeln oder Vollwert-Müsli essen und danach Beschwerden im Magen-Darm-Trakt bekommen, ist höchstwahrscheinlich Vollkorn nicht ideal bzw. gesund für Sie. Also verzichten Sie darauf.

Leopold

Leopold ist 32 Jahre alt, er ist berufstätig, macht zusätzlich eine Ausbildung. Seinen Alltag hat er gut organisiert, er hat daher keinen Stress.

Leopold hatte am Starttag 111,1 kg bei einer Körpergröße von 189 cm.

Nach den Ergebnissen der Bio-Impedanz-Analyse (Messung der Körperzusammensetzung) und einer allgemeinen Anamnese wurden die Portionen seines persönlichen fit10©-Plans errechnet.

Verlaufsmessung

Nach der fit10© Methode

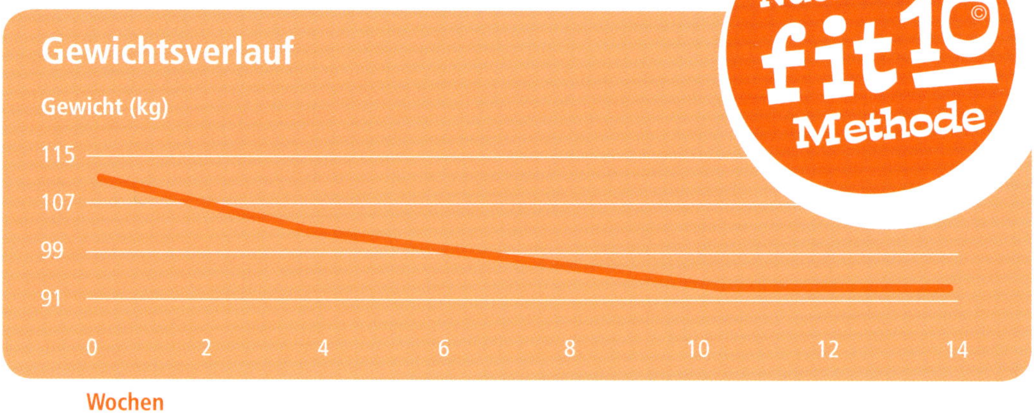

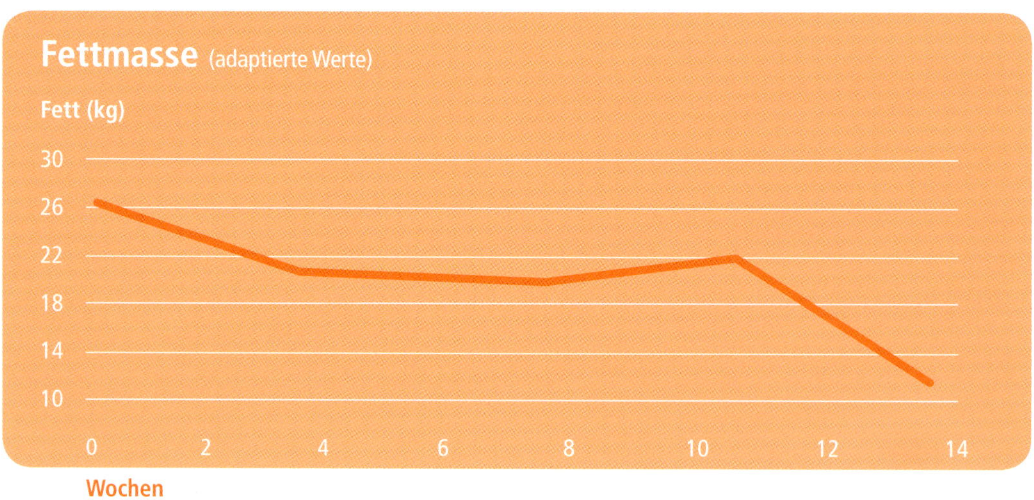

Frühstück

Beispiele:

Teil 1 (Woche 1 bis 3)
3 Scheiben Brot (je 40 g)
PLUS
je ein Blatt Schinken
PLUS
1 Stück Gemüse

Teil 2 (Woche 4 bis 7)
2 Sonnenblumenweckerl
eines mit Butter und Marmelade
eines mit Käse

Teil 3 (Woche 8 bis 10)
1 Stück Kuchen
PLUS
1 dunkles Gebäck mit Käse
PLUS
1 Stück Obst
Kaffee oder Tee

Mittagessen

Beispiele:

Teil 1 (Woche 1 bis 3)
350 g Kartoffeln (gekocht)
PLUS
1 Scheibe dunkles Brot (40 g)
PLUS
Cremespinat (Menge nicht relevant)
PLUS
2 Spiegeleier
PLUS
1 Knackwurst (Fleischwurst), gebraten

Teil 2 (Woche 4 bis 7)
340 g Reis (gekocht gewogen)
PLUS
120 g Schweinsfilet gebraten
PLUS
gedünstetes Gemüse
PLUS
Salat
Nachtisch: 2 Kugeln Vanilleeis

Teil 3 (Woche 8 bis 10)
Schinkenfleckerln (aus 340 g Nudeln, gekocht gewogen mit 100 g Schinken)
PLUS
Salat

Abendessen

Beispiele:

Teil 1 (Woche 1 bis 3)
60 g dunkles Brot mit
Topfenaufstrich und
Rohkost.

Teil 2 (Woche 4 bis 7)
100 g Hühnerbrust, gebraten
PLUS
Salat, mariniert

Teil 3 (Woche 8 bis 10)
4 Kartoffeln
PLUS
Topfen-Joghurt-Dip
PLUS
Gemüsestreifen
Dinner light: z.B. 400 ml Milch, mager

Die angegebenen Portionsgrößen sind für Leopold bemessen – die für Sie passenden erfahren Sie in Ihrer persönlichen fit10©-Beratung.

Verlauf

Leopold hatte bereits nach den ersten drei Wochen auf 103,7 kg Körpergewicht abgenommen. Dabei reduzierte sich sein Fettwert von 26,1 auf 20,2 kg, zusätzlich verlor er 1,8 kg Wasser. Bis zum Ende des 10-Wochen-Plans reduzierte er seinen Fettwert auf bis zu 15 kg. Der Wasserverlust lag bei knapp 5 kg.

Leopold trainiert nach seinem erfolgreichen Gewichtsverlust nun im Fitnesscenter, nachdem er während des fit10©-Wochen-Plans einen sanften Bewegungsstart hingelegt hat. Er ernährt sich weiterhin wie gelernt und kann seinen tollen Erfolg problemlos halten.

Startgewicht: **111,1 kg**
Endgewicht: **93,2 kg**
Start Fettwert: **26,1 kg**
Ende Fettwert: **15 kg**
Wasserverlust ca. **5 kg**

Kommentar

Mag. Christina Lachkovics-Budschedl:
Leopold ist ein sehr gutes Beispiel, da sehr viele Männer ähnlich wie er verlernt haben zu essen. Die Portionen sind zu klein, es wird vor allem zu spät gegessen, außerdem haben Männer oft keine Idee, wie man Ernährung sinnvoll in den Alltag integriert. Leopold machte klassische Ernährungsfehler, sparte am falschen Platz Energie ein, um sie später doppelt und dreifach nachzuholen. Seine Gewichtsabnahme ging aufgrund der Verbesserung seiner Stoffwechsellage sehr zügig voran, war jedoch nicht besorgniserregend.

Leopold ist ein engagierter junger Mann, der diese Form der Ernährungsumstellung sehr ernst genommen hat, obwohl ihm viele seiner Freunde am Anfang das Leben nicht gerade leicht gemacht haben. Zu groß war die Skepsis. Mittlerweile hat er alle eines Besseren belehrt und etliche seiner Freunde haben auch bereits mit fit10© begonnen.

Leopold:

»Mit meinen 111 kg fühlte ich mich nicht mehr wohl, also beschloss ich, professionelle Hilfe zu suchen. Durch Mundpropaganda erfuhr ich von fit10©. Nach einem sehr aufschlussreichen Erstberatungsgespräch verstand ich die Methode als nachhaltige Ernährungsumstellung, weit weg von einer Blitzdiät mit nur kurzzeitigem Erfolg und hoher Jo-Jo-Gefahr.

Ich lernte, dass man mit gesunden und vollwertigen Lebensmitteln, den richtigen Zeitabständen zwischen den Mahlzeiten und etwas Bewegung nahezu frei von Hunger abnehmen kann.

Meine Arbeitskollegen belächelten anfangs ziemlich skeptisch mein Vorhaben Fett abzubauen, noch dazu mit einer Methode, die so üppige Mittagsportionen erlaubte. Aber bereits nach kurzer Zeit waren sie vom Erfolg überrascht. Ich habe in den 10 Wochen ca. 17 kg abgenommen und durchwegs nur gutes Feedback aus meinem Umfeld erhalten. Bekannte, die mich länger nicht gesehen hatten, waren sprachlos und meinten, sie hätten mich jetzt – um so vieles schlanker – kaum wiedererkannt. Durch die Ernährungsumstellung habe ich ein besseres Körperbewusstsein entwickelt und fühle mich jetzt nicht mehr so träge und ausgelaugt, sondern fit und gesünder. Mein Leben hat sich ins Positive verändert.«

Gehen Sie nicht in die Falle

ACHTUNG: Heißhunger

Wer kennt ihn nicht, den Heißhunger? Er schaltet jede Ernährungsvernunft aus, wir stürzen uns auf Schokolade oder Kuchen, kurze Kohlenhydrate also, statt nach den vernünftigen komplexen Kohlenhydraten wie Brot oder Reis zu greifen. Manchmal ist Heißhunger auch ein Zeichen dafür, dass uns Eiweiß fehlt, meist ist es der Eiweißbaustein Tryptophan, der für die Bildung des Glückshormons Serotonin wichtig ist. Um glücklich zu werden, greift man dann gerne zur Schokolade statt zum Joghurt und der Teufelskreis beginnt von Neuem: starker Blutzuckeranstieg, viel Insulinfreisetzung, schneller Einbau von Eiweiß und Zucker – erneut Heißhunger. Wegen der „ausgehungerten" Stoffwechselsituation wird sehr viel Insulin freigesetzt, die Kohlenhydratspeicher werden nur wenig aufgefüllt, dafür wird Fett eingelagert.

Falsche Strategie

Vor allem Frauen, aber auch manche Männer essen zu Mittag gerne Salate bzw. Gemüse, um weniger Energie aufzunehmen, ihr Gewicht zu regulieren. Manchmal wird auch etwas Fleisch oder Fisch mit Gemüse gegessen, ab und zu gibt es auch zwei bis drei Kartoffeln oder etwas Reis dazu. Hungern oder besser gesagt „das Sparen am falschen Platz" ist also der falsche Weg, denn die komplexen Kohlenhydrate, die vielleicht mittags eingespart wurden, werden sehr oft später in falscher Form, nämlich in einfacher, unkontrollierter, energiedichter und physiologisch ungünstiger Form nachgeholt. Isst man zu wenig Kohlenhydrate, muss der Körper vermehrt Kohlenhydrate aus seinen Speichern mobilisieren, es entsteht ein „Minus" und dieses möchte der Körper ausgleichen, da volle Speicher die Lebenserhaltung gewährleisten. Er reagiert mit einer Heißhungerattacke.

Gemüse macht nicht satt

Gemüse kann man sich wie ein Soufflé vorstellen – es schaut nach viel aus, ist aber eigentlich nur „Luft". Gemüse liefert Vitamine, Ballaststoffe und auch sekundäre Pflanzenstoffe, aber wenig bis gar keine Energie. Und es macht daher nicht lange satt. Schlimmer noch – diese Form von Mittagessen führt oft zu Heißhungerattacken am Nachmittag. Der Grund: Es fehlen die Kohlenhydrate, und zwar die komplexen.

Blutzucker

Eine bestimmte Zuckerkonzentration im Blut ist lebensnotwendig, dient zur Energiebereitstellung und Versorgung des Gehirns. Ist der Blutzucker hoch (nach dem Essen) wird Insulin freigesetzt, um den Zucker zu verstoffwechseln und so den Blutzuckerspiegel zu normalisieren. Sinkt der Blutzucker, wird der Gegenspieler von Insulin, das Glucagon, freigesetzt. Ein Hormon, das den Zucker aus den Zuckerspeichern (Muskeln und Leber) mobilisiert, um den Blutzuckerspiegel zu normalisieren. Sind die Zuckerspeicher aufgebraucht (während oder nach Wanderungen, Radtouren, durch Hungern etc.) mobilisiert Glucagon Muskeleiweiß (glucoplastische Aminosäuren), das in Zucker umgebaut werden kann.

Glykämischer Index

Die Wirkung eines Lebensmittels auf den Blutzuckeranstieg wird mit Hilfe des glykämischen Index festgelegt (die Blutzuckerwirksamkeit im Vergleich zu reinem Traubenzucker). Vollkornspaghetti, Linsen oder Äpfel haben einen niedrigen glykämischen Index, sie lassen den Blutzucker nur langsam ansteigen, machen lange satt. Schokolade, Semmeln oder Pommes frites dagegen haben einen hohen glykämischen Index. Nach dem Verzehr dieser Lebensmittel schießt der Blutzucker wie eine Rakete in die Höhe, fällt aber auch rasch wieder ab – man wird sehr bald wieder hungrig.

Glykämischer Index von Lebensmitteln

Hoch:
Süßigkeiten
Baguette, Gebäck aus Auszugsmehl
Pommes frites
Pizza

Mittel:
Vollkornbrot, fein
Weißer Reis
Müsli aus geschrotetem Getreide

Niedrig:
Vollkornbrot, grob
Salzkartoffeln
Erbsen
Parboiled Reis
Spaghetti aus Hartweizen, al dente (bissfest) gekocht
Vollkornspaghetti
Pfirsiche
Linsen
Erdnüsse

Kohlenhydratfreie Ernährung

Wenn man, wie in manchen Diäten empfohlen, kohlenhydratreiche Lebensmittel aus seinem Speiseplan streicht und stattdessen hauptsächlich Eiweiß und Fett zu sich nimmt (z.B. Atkinson-Methode), dann stellt sich der Stoffwechsel um, der Körper lernt, damit umzugehen. Es werden anfänglich die Kohlenhydratspeicher der Leber und der Muskulatur aufgebraucht, der Körper beginnt aus dem Körperfett Energie zu mobilisieren, baut für die Versorgung des Gehirns Ketonkörper aus dem Fett auf. Das ist ein vor allem auf längere Sicht höchst unbefriedigender Zustand.

Ketonkörper

Der Begriff Ketonkörper steht für bestimmte Säuren (Aceton, Acetacetat, b-Hydroxybutyrat), die bei Hunger und bestimmten Erkrankungen (z.B. Diabetes mellitus) im Blut und im Urin vorhanden sind. Wenn mehr Ketonkörper als Glucose im Blut zirkuliert, dann nennt man diesen Zustand des Körpers Ketose. Bei kohlenhydratfreier Ernährung bzw. Diät setzt man auf die Ketose, um durch die Umwandlung von Fettsäuren zu Ketonkörpern die Fettverbrennung zu maximieren.

Sobald man wieder Kohlenhydrate isst, dreht sich der Stoffwechsel um. Daher müsste man für einen langfristigen Erfolg dauerhaft (!) auf Kohlenhydrate verzichten. Eine derartige Ernährungsform – und das können Sie sich jetzt wahrscheinlich schon denken – ist ernährungsphysiologisch nicht empfehlenswert und schon gar nicht auf Dauer umzusetzen, da sie meist mit einer Erhöhung der Harnsäure, der Blutfettwerte und mit einer möglichen Entwicklung von Arteriosklerose einhergeht. Es fällt sehr schwer, für immer auf Kohlenhydrate zu verzichten, da kohlenhydratreiche Lebensmittel in unserer Gesellschaft allgegenwärtig sind. Vor allem aber auf Nudeln & Co, die ganz oben auf der Beliebtheitsskala stehen, will niemand gern verzichten.

Kohlenhydratarme Ernährung

Die kohlenhydratarme Ernährung ist mittlerweile sehr weit verbreitet. Kohlenhydratreiche Lebensmittel werden von Erwachsenen in Kinderportionsgrößen oder noch weniger gegessen. Denn Kohlenhydrate wurden und werden fälschlicherweise immer wieder als Dickmacher beschrieben. Bei einer kohlenhydratarmen Ernährung, wenn also ab und zu doch Kohlenhydrate verzehrt werden, versucht der Körper, seine Kohlenhydratspeicher zumindest aufrechtzuhalten, besser aufzufüllen. Im Gegensatz dazu steht die kohlenhydratfreie Ernährung. Dabei werden die Kohlenhydratspeicher gänzlich aufgebraucht.

Low Carb – das Auf und Ab der Promis

Die „Low Carb"-Diät (Diät mit sehr niedrigem Kohlenhydratanteil) ist seit vielen Jahren Trend, gehört in die Welt der Models und Schauspieler. So manche(r) Abnehmwillige nimmt sich diese Promis zum Vorbild – bewusst, aber auch unbewusst –, da man sie ständig vor Augen hat und ihre körperlichen Wandlungen miterlebt. Mal sind sie dick für den einen Film, plötzlich wieder rank und schlank für den anderen. Stellt man die Frage, wie sie das wohl schaffen, dann ist immer die Rede von eiweißreichen Diäten, die wenig bis keine Kohlenhydrate beinhalten, plus viel Sport. Klar funktioniert diese Form der Gewichtsreduktion. Mit Low Carb das Traumgewicht zu erreichen und vor allem zu halten, ist aber auf Dauer nicht möglich. Denn auch den Promis fällt das Weglassen der Kohlenhydrate irgendwann auf den Kopf und sie nehmen wieder zu. Nur vermeiden sie dann ein Auftreten in der Öffentlichkeit. Der eine oder andere Schnappschuss von Paparazzi offenbart dann den „ganz normalen Wahnsinn" nach Diäten – auch bei Berühmtheiten.

Übrigens kam die „Low Carb-Bewegung" aus Amerika, das Übergewichtsproblem hat sie dort allerdings keineswegs verbessert. In manchen Staaten der USA sind über 50 Prozent der Einwohner übergewichtig!

Keine Angst vor Kohlenhydraten

Haben Sie keine Angst vor Kohlenhydraten! Greifen Sie zu. Wenn Ihr Unterbewusstsein Ihnen Stress mit der Nahrungsaufnahme signalisiert, schürt das die Freisetzung von Cortisol, einem Stresshormon, welches die Fettverbrennung bremst. Wer sich psychisch unter Druck setzt, kann nur schwer oder gar nicht abnehmen.

Cortisol – Stress und Abnehmen

Stress ist eine Herausforderung für den Körper. Es steigt der Energieverbrauch, da der Körper unter Spannung steht (erhöhter Muskeltonus), es wird vermehrt das Stresshormon Cortisol aus Eiweiß aufgebaut und freigesetzt. Cortisol bewirkt eine hohe Freisetzung von Insulin, das zu einem raschen Zuckereinbau in die Zellen führt (Energieversorgung der Zellen). Der Blutzucker fällt rasch ab, es kommt zu Unterzucker. Es entsteht Heißhunger auf Süßes. Ein Teufelskreis.
Ist man in einem permanenten Stresszustand, wird also ständig Cortisol ausgeschüttet („chronischer Stress") und dadurch der Zucker im Blut immer wieder zu schnell abgebaut. Bei diesem Vorgang wird das Heißhungergefühl geweckt – und die Gier nach immer mehr Essen entsteht.

Gesundes Verlangen

Wie man seinen Körper ernährt, so reagiert er. Isst man regelmäßig Fastfood, Süßigkeiten, weißes Gebäck, trinkt ständig süße Getränke, so stellt man seinen Körper auf kurze Kohlenhydrate ein, er verlangt automatisch mehr davon. Die Blutzuckerkurve fährt wie eine Achterbahn ständig steil bergauf, dann wieder steil bergab. Isst man jedoch regelmäßig ausgewogen, so steigt das Verlangen nach „gesunder Nahrung". Probieren Sie es aus!

Das wiederum begünstigt die Fettablagerung, besonders am Bauch und auf den Hüften – das klassische Stressfett. Zusätzlich wird hier der Zusammenhang von Stress und Diabetes mellitus deutlich!

Was ist Hunger?

Hunger ist eine unangenehme körperliche Empfindung, die Menschen und Tiere dazu veranlasst, Nahrung zu sich zu nehmen. Die biologische Funktion dieses Reizes besteht darin, die ausreichende Versorgung des Organismus mit Nährstoffen und Energie sicherzustellen. Ausgelöst wird das Hungergefühl durch Neurotransmitter (Botenstoffe) im Hypothalamus (wichtige Schaltzentrale unseres Körpers im Gehirn). Der Reiz Hunger wird gerne verdrängt, um eine entsprechende Versorgung zu verhindern. Hunger ist heutzutage Luxus, wenige Menschen in der industrialisierten Welt wissen noch, wie sich Hunger tatsächlich anfühlt. Denn entweder wird so viel oder ständig gegessen, dass der Hunger gar nicht mehr aufkommt, oder es wird so wenig gegessen, dass der Hunger nicht mehr wahrgenommen wird.

Schlank werden, Fett verlieren

Fett verbrennt nur im Feuer der Kohlenhydrate

Zwei wichtige Grundsätze:

Erster Grundsatz: „Fett verbrennt nur im Feuer der Kohlenhydrate" (Ausnahme: gänzlich kohlenhydratfreie Ernährung).

Zweiter Grundsatz: „Energie kann man nicht nachtanken!" Dieser zweite Grundsatz betrifft all jene Menschen, die das Frühstück oder das Mittagessen oder gar beides auslassen.

Stellen Sie sich die Flamme eines Streichholzes vor. So klein ist Ihr inneres Verbrennungsfeuer, wenn Sie zu wenig oder gar kein Frühstück essen. Wird in der Früh ein angemessenes Frühstück mit ausreichenden und richtigen (komplexen) Kohlenhydraten gegessen, dazu gerne auch Eiweiß und Gemüse oder Obst, damit der Körper ausreichend mit Vitaminen versorgt wird, so entsteht ein richtiges Feuer, der Körper wird aufgeheizt und kann anfangen, richtig und effizient zu verwerten. Diese Kohlenhydrate sorgen für ausreichende, anhaltende Sättigung, sodass man eine Mahlzeitenpause von vier bis sechs Stunden locker schafft (siehe später). Außerdem kommt man in eine optimale Fettverbrennung und nützt diese auch aus. Richtig ist es, wenn bereits in der Früh ein großes Feuer entfacht wird. Noch mehr Informationen zu diesem Thema finden Sie im Kapitel „Das Frühstück".

Von Jägern und Sammlern zum Jo-Jo

Zu der Zeit, als sich unsere Vorfahren zu Jägern und Sammlern entwickelten, waren sie oft tagelang unterwegs, um Nahrung zu finden. Es vergingen manchmal Tage, bis sie endlich ein Tier erlegen konnten oder genießbare Früchte fanden. Damals schon musste der Körper mit einer solch langen Nahrungskarenz zurechtkommen. Und das schaffte er aufgrund einer physiologischen Besonderheit: Der Körper hat die Fähigkeit, bei zu geringer Nahrungsaufnahme Energie aus den eigenen Muskeln zu gewinnen – weniger Muskelmasse bedeutet zusätzlich noch weniger Energiebedarf. Der Mensch hatte also bei geringem Nahrungsangebot auch weniger Energiebedarf. Dieses ausgeklügelte System ermöglichte das Überleben der Menschen und ihre Weiterentwicklung. Das „Notprogramm", das damals das Überleben ermöglichte, macht uns heute aber das Leben schwer.

Wir leben im Überfluss

Wir leben heute, vor allem in der industrialisierten Welt, mit einem Überangebot an Lebensmitteln. Und wir können in Wahrheit damit nicht umgehen. Denn wenn wir zum Beispiel das Gefühl haben, dass wir zu viel gegessen oder an Gewicht zugelegt haben, dann wollen wir das so schnell wie möglich wieder loswerden. Wir essen daher einige Zeit sehr wenig, halten eine Diät. Was passiert im Körper? Er beginnt – wir erinnern uns an die Jäger-und-Sammler-Geschichte – mit dem Muskelabbau, um dieses Defizit auszugleichen. Durch das Überangebot an Essen stolpert man sehr schnell aus einem Energiedefizit wieder in ein großes Energieplus. Man gerät von einer Muskelabbauphase in eine Fettaufbauphase.

Der Körper lagert Fett ein

Da wir nach einer radikalen Diät weniger Energie verbrauchen, weil ja wegen des Abbaus weniger Muskelmasse vorhanden ist, beginnen wir vermehrt Fett einzulagern. Um wieder Muskelmasse aufzubauen, müsste man gezielt trainieren und auch entsprechend essen. Dies wird in den meisten Fällen nicht befolgt. Daher kommt es trotz vieler Diäten zu einem immer höheren Körperfettanteil bei niedriger werdender Muskelmasse. Der Körper weiß nicht, wohin mit den vielen Kalorien, und lagert das Fett in den Zellen. Der Körper verändert sich stetig, das führt zu ständig neuen Diätversuchen, die die Situation eigentlich nur verschlimmern.

So entsteht der Jo-Jo-Effekt

Wenn wir eine Diät machen, glaubt der Körper, eine Hungersnot sei ausgebrochen. Er schaltet wie in grauer Vorzeit auf Notprogramm um. Doch heute ist es anders: Nach ein paar Wochen eisernen Kasteiens langen wir wieder kräftig zu. Aber auch wenn Sie nun normal essen, legt der Körper eifrig die jetzt gegessenen Kohlenhydrate gleich in seinem Vorratsspeicher an. Nur um wieder für eine solche Hunger-„Katastrophe" gewappnet zu sein. Der Jo-Jo-Effekt ist vorprogrammiert.

Ernährung umstellen

Es ist besser, die Ernährung langfristig zu ändern und nicht kurzfristig einem Wunschgewicht nachzujagen. Vor dem Urlaub wird gefastet, um die ersehnte Bikinifigur am Strand zu präsentieren. Der Körper baut Muskelmasse ab, um weniger Energie zu verbrauchen. Die Versorgung läuft auf Sparflamme, die Fettverbrennung wird heruntergefahren. Im Urlaub gibt es dann meist ein Nahrungsangebot wie im Schlaraffenland: Wir essen zu viel, zu oft, zu spät und genießen den einen oder anderen Cocktail. Der Körper kann so viel Energie, vor allem nach einer Hungerphase, nicht entsprechend verwerten. Noch dazu hat man im Urlaub keinen Alltagsstress, macht weniger Bewegung als zu Hause. Und die eineinhalb Stunden Sport, die Sie im Urlaub täglich betreiben, gleichen das Bewegungsdefizit nicht aus.

Für all jene, die Sightseeing-Tours und Wanderurlaube bzw. reine Sporturlaube machen, gilt das hier Gesagte nicht.

Schlank bleiben im Urlaub

Ernährt man sich stets ausgewogen und richtig (z.B. nach fit10©), dann nimmt man auch im Urlaub nicht zu, selbst wenn man einmal über die Stränge schlägt. Der Körper ist besser auf „verbrennen“ ausgerichtet, wenn Sie schon in der Früh mit dem richtigen Frühstück starten. Aber: Halte ich meinen Körper ständig zu kurz, esse ich ständig zu wenig, dann reagiert er bereits auf zwei Tage Wellnessen plus Halbpension mit Gewichtszunahme.
Hier die Balance zu schaffen, das ist die große Herausforderung: eine Balance zwischen zu viel und zu wenig.

In meinen Beratungen schildern mir Klienten immer wieder ihre Probleme, diesen Spagat in allen Lebenslagen zu schaffen.

Essen auf Festen

Klienten haben während ihrer Ernährungsumstellung ganz betroffen erzählt, dass sie zu einer Hochzeit eingeladen sind und dem Hochzeitsessen mit Sorge entgegensehen. Aber zu einem Fest gehört halt auch ein Festessen und ein Schluck Alkohol. Schade, wenn man dies als Problem sieht, denn Ernährungsumstellung heißt auch lernen, mit diesen Situationen umzugehen, auch genießen zu können. Das ist sehr wichtig für einen langfristigen Erfolg. (Siehe Joker!)

Andere Klienten haben voll Sorge berichtet, dass sie nun drei Wochen in den Urlaub fahren. Ich hätte mich zwar als Ernährungscoach angeboten, wäre durchaus mitgekommen, aber das ist nicht notwendig. Ich würde meine Arbeit von Grund auf falsch machen, wenn meine Klienten im Urlaub nicht „normal“ essen dürften.

Bewusst genießen

Wenn Sie Ihre Ernährung richtig umgestellt haben, dann gibt es keine negative Folgen auf Ihr Gewicht, wenn Sie ausnahmsweise mehr essen oder Alkohol trinken.

Regine

Regine ist 42 Jahre alt, Mutter von zwei Kindern, arbeitet in einer Kinderarztpraxis als Ordinationsgehilfin. Sie lebt den durchschnittlichen Alltag einer berufstätigen Mutter.

Regine hatte am Starttag 71,5 kg bei einer Körpergröße von 170 cm.

Nach den Ergebnissen der Bio-Impedanz-Analyse (Messung der Körperzusammensetzung) und einer allgemeinen Anamnese wurden die Portionen ihres persönlichen fit10©-Plans errechnet.

Verlaufsmessung

Nach der fit10© Methode

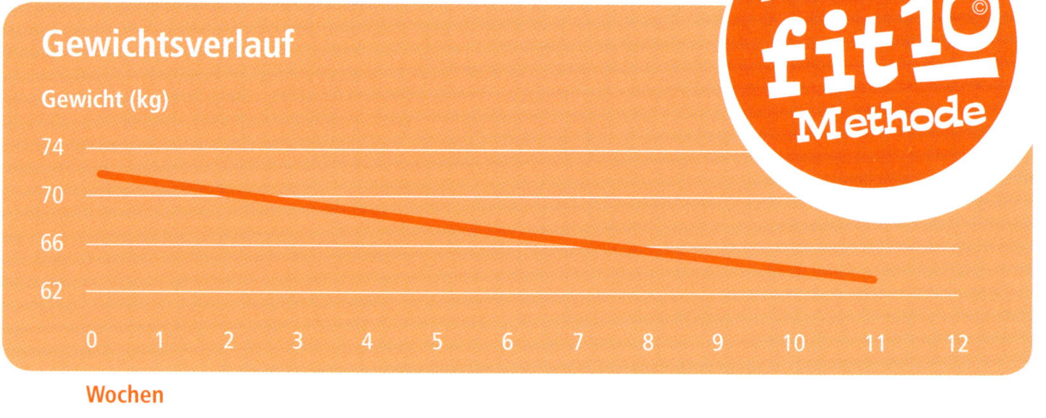

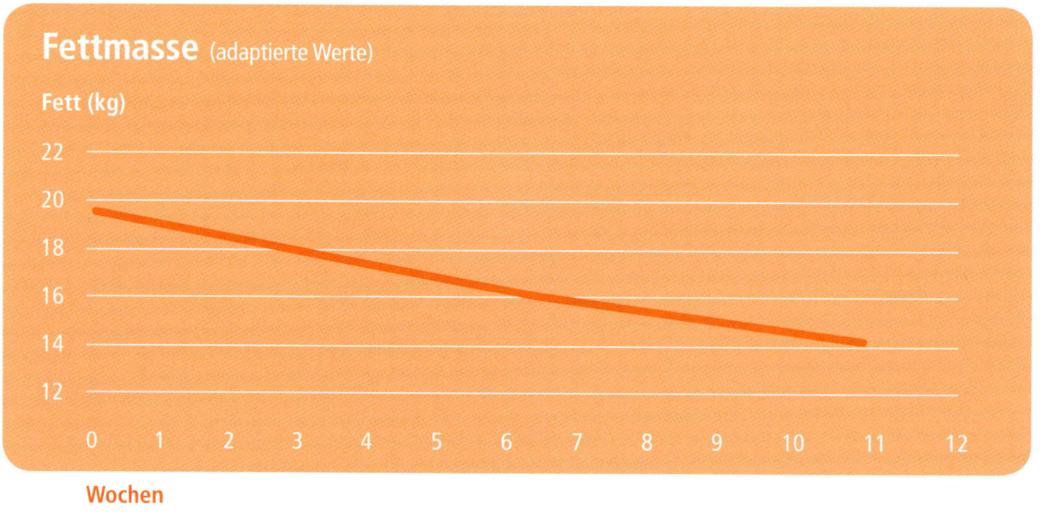

Frühstück

Beispiele:

Teil 1 (Woche 1 bis 3)
2 Scheiben Roggenbrot mit je 1 Blatt Schinken, 1 Apfel, Kaffee

Teil 2 (Woche 4 bis 7)
eineinhalb Kornspitz mit Topfenaufstrich, 1 Stück Karotte, Kaffee, 1 kleines Joghurt

Teil 3 (Woche 8 bis 10)
1 Scheibe Brot mit Butter und Honig
PLUS
25 g Müsli plus 150 g Joghurt und
1 Birne
Kaffee

Mittagessen

Beispiele:

Teil 1 (Woche 1 bis 3)
Risipisi aus 240 g gekochtem Reis und Erbsen
PLUS
ca. 90 g Hühnerfleisch
PLUS
1 Portion grüner Salat

Teil 2 (Woche 4 bis 7)
Spaghetti bolognese aus 240 g Hartweizengrieß-Spaghetti (gekocht gewogen) und 150 g Tomatenfleischsauce mit Parmesan
Nachtisch: 1 Handvoll Ananasstücke

Teil 3 (Woche 8 bis 10)
Spinat mit 1 Spiegelei
PLUS
220 g Kartoffeln (gekocht)
PLUS
40 g Brot
Nachtisch: Schokoladepudding

Abendessen

Beispiele:

Teil 1 (Woche 1 bis 3)
3 Kartoffeln, eigroß, gekocht
PLUS
60 g Topfen-Joghurtdip
PLUS
1 Handvoll Gemüse geschnitten (Karotten, Radieschen)

Teil 2 (Woche 4 bis 7)
70 g Topfen-Joghurtdip mit Gemüsestreifen

Teil 3 (Woche 8 bis 10)
50 g Hühnerbrust (gegrillt oder gekocht) auf Blattsalat
PLUS
40 g Baguette
Dinner light: z.B. 250 g Buttermilch

Die angegebenen Portionsgrößen sind für Regine bemessen – die für Sie passenden erfahren Sie in Ihrer persönlichen fit10©-Beratung.

Verlauf

Regine hat nach den ersten fünf Wochen von 19,3 kg auf 15,8 kg Fett abgenommen. Sie hatte einen Wasserverlust von 1,3 kg. In den weiteren fünf Wochen konnte sie den Fettwert erneut reduzieren und erreichte 14 kg. Insgesamt hat sie daher 5,3 kg Körperfett verloren, bei einem Endgewicht von 64,2 kg. Der Prozent-Zellanteil (aktive Zellmasse) ist konstant geblieben – ein wichtiges Ergebnis, um den Jo-Jo-Effekt zu vermeiden.
Regine kann ihr Gewicht noch immer sehr gut halten, auch Weihnachten war kein Problem, sie kann so weitermachen …

Startgewicht: **71,5 kg**
Endgewicht: **64,2 kg**
Start Fettwert: **19,3 kg**
Ende Fettwert: **14 kg**
Wasserverlust: ca. **1,3-2 kg**

Kommentar

Mag. Christina Lachkovics-Budschedl:
Regine ist ein „Klassiker" in meiner Beratung. Es gibt viele Frauen so wie sie, die abnehmen wollen, obwohl sie im landläufigen Sinn schlank sind. Außenstehende können oft nicht verstehen, warum trotz augenscheinlich optimaler Figur eine Ernährungsberatung in Anspruch genommen werden möchte. Allerdings hat jede/r ihr/sein persönliches Idealgewicht, und vor allem kennt jede/r ihre/seine Schwachstellen in der Ernährung, die sie/er ändern möchte. Eine Gewichtsreduktion bei Regine war für mich auch deshalb in Ordnung, weil sie ja vom Fettwert tatsächlich über dem Durchschnitt war. Außerdem habe ich nach einem Gespräch mit ihr erkannt, dass tatsächlich ein Bedarf an Ernährungsumstellung vorhanden war, nicht zuletzt auch aufgrund ihres Berufes.

Viele Menschen verlernen im Berufsalltag sinnvoll zu essen bzw. wissen wirklich nicht, wie sie sich am besten versorgen könnten. Es geht nicht immer nur um die Gewichtsreduktion, letztendlich geht es auch darum, dem Körper das zu geben, was er braucht (dann gibt er auch leichter her, was er nicht so sehr braucht – das Fett), auch damit er gesund bleibt.

Selbstverständlich habe ich auch Frauen in meinen Beratungen, wo ich eine Gewichtsabnahme keinesfalls vertreten kann. Wenn der Fettwert schon unter dem Durchschnitt liegt, dann ist es nicht ratsam abzunehmen. Allerdings kann man die Ernährung sinnvoll umstellen, sodass man seinen Körper wieder besser spürt. Sehr oft habe ich die Erfahrung gemacht, dass eine einseitige, energiereduzierte Ernährung das eigene Körperbild verschwimmen lässt. Das liegt meist daran, dass das Gewebe dadurch sehr schlaff wirkt, der Muskelanteil reduziert ist und dadurch das wenige Fett, das noch vorhanden ist, immer noch viel erscheint.

Regine:

»Als ich von der Strategie der fit10©-Ernährungsumstellung in der Zeitung las, konnte ich es kaum glauben, dass Gewichtsreduktion und Verbesserung der Fitness so einfach sein sollten. Ich habe mich kurzentschlossen getraut und es keine Sekunde bereut. Heute wiege ich dasselbe wie vor meiner ersten Schwangerschaft vor elf Jahren, fühle mich mit meinen 43 Jahren fitter und gesünder als mit 32.

fit10© lässt sich problemlos in den Familienalltag integrieren, nichts muss umständlich oder separat zubereitet werden, selbst Auswärtseinladungen oder Essengehen sind kein Hindernis. Durch meine eher ungeregelten Arbeitszeiten als Ordinationshilfe war ich skeptisch, ob sich fit10© auch in mein Berufsleben integrieren lassen würde. Aber auch das erfordert keinen zusätzlichen Aufwand. Ich habe in den vergangenen zehn Wochen endlich wieder gelernt, auf meinen Körper und dessen Bedürfnisse zu hören und auf diese in angemessener Weise zu reagieren.«

Tipps zum Durchhalten

Abwechslung führt zum Erfolg

fit10© gliedert sich in drei Teile zu je drei bzw. vier Wochen. Ziel dieser Gliederung ist es vor allem, Abwechslung in den Speiseplan zu bringen. Die so ausgelösten Reize sind von großer psychologischer und physiologischer Bedeutung und ein wichtiger Schritt zum Erfolg.

Physiologische Reize

Möchte man nun langfristig Gewicht reduzieren, ist es wichtig, den Körper immer wieder aufs Neue zu reizen, damit sich kein Stillstand einstellt. Sie haben das sicherlich auch schon einmal erlebt: Beim Abnehmen funktioniert es meist am Anfang besonders gut, doch auch wenn man exakt und brav weitermacht, bleibt das Gewicht gleich. Das liegt meist daran, dass sich der Körper angepasst hat, und dies geschieht vor allem auch dann sehr intensiv, wenn man viel zu wenig isst, also z.B. eine Crashdiät macht. Will man jedoch längerfristig abnehmen, ist es einerseits wichtig ausreichend zu essen und immer wieder Kleinigkeiten zu verändern, um eine Anpassung zu vermeiden. fit10© berücksichtigt dies.

Daher gibt es drei Teile, die zwar im Aufbau gleich sind, sich aber durch kleine Veränderungen unterscheiden. In den ersten drei Wochen kommen Zucker, Marmeladen oder süße Mehlspeisen auf dem Speiseplan nicht vor, in den Wochen vier bis sieben, sollen sie, in kleinen Mengen zwar, aber doch, gegessen werden! Danach folgen ein Obst- und Gemüsetag und das Weglassen von Kohlenhydraten am Abend. Im letzten Teil wird einmal wöchentlich am Abend auch Obst und Gemüse weggelassen, gibt es ein leichtes Eiweiß-Abendessen.

Nach insgesamt zehn Wochen gibt es erneut eine Veränderung, die sehr oft zu einer weiteren Abnahme führt, obwohl dies nicht unbedingt das Ziel in dieser Phase ist.

Gewöhnung

Reist man in die kalte Antarktis, so friert man in den ersten Wochen erbärmlich. Doch mit der Zeit gewöhnt sich der Körper an die Temperaturen und sie werden als „normal" empfunden. Am Beginn einer Fastenkur, bei der man fast nichts isst, leidet man an Hunger, der Magen knurrt und der Kreislauf macht sich bemerkbar. Doch mit der Zeit verschwinden Hungergefühl und Magenknurren, man hat sich an die neue Situation gewöhnt, der Körper hat Veränderungen vorgenommen, um zu überleben (siehe Kapitel über Jäger und Sammler).

Die Psyche braucht Abwechslung

Muss man zehn Wochen lang immer das Gleiche tun, stellt sich bald Langeweile ein. Einfacher ist es, wenn der Ernährungsalltag nach drei oder vier Wochen wieder etwas Neues bietet. Kleine Abwechslungen, auf die ich hinarbeiten kann, machen es viel leichter durchzuhalten. Muss ich mich für eine Ernährungsumstellung komplett verbiegen, mich sehr kasteien, so werde ich das auf Dauer nicht schaffen. Doch bekomme ich das Gefühl, dass es eigentlich einfach ist, nicht weh tut, dann wird es leichter fallen weiterzumachen. Es ist gar nicht so sehr die Kunst, Ernährungswissen zu vermitteln, sondern es so zu tun, dass es auch angenommen und umgesetzt wird. Die Psyche ist daher für das Gelingen einer Ernährungsumstellung von großer Bedeutung.

Gewohnheiten erkennen und ändern

Kennen Sie den „Pawlow'schen Hund"? Iwan Pawlow, ein russischer Physiologe, erhielt 1904 den Nobelpreis für eine einzigartige Entdeckung: Er konnte damals den Zusammenhang zwischen dem Nervensystem und der Verdauung beschreiben. Der „Pawlow'sche Hund" ging als Musterbeispiel für die klassische Konditionierung in die Geschichte ein.

Das Phänomen ist kurz erklärt: Dem Hund wurde Fleisch angeboten (Reiz) und sofort begann sein Speichel zu fließen (Reaktion). Zusätzlich ertönte kurz vor der Fütterung ein Gong. Dieser Gongschlag würde unter normalen Umständen nichts Besonderes auslösen. Also ein Reiz ohne Reaktion. Doch dieser Gong wurde immer kurz vor der Fütterung geschlagen, sodass beim Hund eine neue Verknüpfung entstand. Der Gong löste schon bald eine Reaktion aus – den Speichelfluss. Und zwar auch dann, wenn es nicht zur Fütterung kam.
Psyche ist daher für das Gelingen einer Ernährungsumstellung von großer Bedeutung.

Essen als Belohnung

Konditionierung funktioniert auch bei uns Menschen tadellos. So einfach man sich Dinge antrainieren kann, so einfach kann man sie auch wieder verändern. Beobachten Sie, auf welche „Gongschläge" Sie funktionieren, und machen Sie sich diese bewusst. Dann können Sie bewusst etwas dagegen tun. Klassische Konditionierungen sind z.B. Belohnung (meist in Form von Essen) nach einer geschafften Prüfung, nach erledigter Hausarbeit, Stressabbau, wenn die Kinder endlich im Bett sind, wenn man sich am Abend zum Fernseher setzt und entspannen möchte, Trost, wenn man traurig ist, und vieles mehr.

„Ich habe es geschafft, ich habe es mir verdient, ich brauche Trost." Nicht selten greift man dann zu einem Stück Schokolade oder plündert den Kühlschrank.

Ob Sie nun ein Belohnungsesser, ein Stressesser oder ein Frustesser sind, diese Strategien kann man oder besser gesagt sollte man neu konditionieren. Durchbrechen Sie den Automatismus und setzen Sie neue Aktionen, um andere Reize auszulösen.

Verbieten ist verboten

Jedes Verbot macht das Verbotene attraktiver und interessanter. Je mehr man sich verbietet zu essen, desto größer wird der Gusto, das Verlangen danach. Denken Sie immer daran, dass Sie „dürfen" und dass Sie lernen müssen, mit dieser Freiheit umzugehen. Sich zu kasteien oder asketisch zu leben, ist falsch. Gönnen Sie sich etwas. Essen Sie richtig und ausreichend, denn nur so ernähren Sie sich gesund und können auch abnehmen.

Der Streichholz-Trick

Soll ich oder soll ich nicht? Ein einfacher Trick hilft, damit Sie sich schneller entscheiden können: Zünden Sie ein Streichholz an – während es abbrennt, überlegen Sie, ob Sie nun nachgeben oder nicht. Fackeln Sie nicht lange, sobald das Streichholz abgebrannt ist, treffen Sie eine Entscheidung, zu der Sie zu 100 Prozent stehen. Diese Aktion dauert nur wenige Sekunden, doch Sie steigen aus Ihrem Gedanken-Wirrwarr aus und lösen einen neuen Reiz aus. Das Gehirn nimmt eine neue Tätigkeit wahr. Entscheiden Sie sich in dieser kurzen Zeit, ob Sie nun die Schokolade essen oder nicht. Aber entscheiden Sie sich.

Viel essen, dabei schlank und gesund werden

Die Methode fit10©

Dieses Buch bietet viel Hintergrundwissen über Ernährung, vor allem über die Rolle, welche die Kohlenhydrate darin spielen. Sie sind in Lebensmitteln enthalten, die sich – völlig zu Unrecht – den Ruf, Dickmacher zu sein, erworben haben. Wenn man versteht, wie das Abnehmen mit fit10© funktioniert, dann fällt es viel leichter durchzuhalten, kann man „Umfallern“ leichter entkommen. Sie können damit Ihre Ernährung sehr gut umstellen und optimieren. Sie finden in diesem Buch auch konkrete Beispiele, Geschichten von Menschen, die für die verschiedensten Ernährungstypen stehen – und die mit fit10© bereits sehr erfolgreich abgenommen, ihr Lebensgefühl verbessert haben. Diese Porträts sollen eine Orientierung sein.

Was ist fit10©?

fit10 ist ein 10-Wochen-Plan. fit10© ist keine Diät im klassischen Sinne, sondern ein Fahrplan zurück ins richtige Essverhalten. fit10© rehabilitiert die in Verruf geratenen Kohlenhydrate und stellt die Ernährung wieder auf gesunde Beine. Mit dieser Methode lernen Sie Ihren Kohlenhydratbedarf kennen, denn nur mit der genau nach Körpergröße und Gewicht berechneten Menge an Nudeln, Reis & Co können Sie Fett verlieren.

Nach der fit10© Methode

Bei der fit10©-Methode ist die Menge an Kohlenhydraten, welche Sie zu sich nehmen, wichtig. Denn erst mit der richtigen Portion Nudeln, Reis, Kartoffeln oder Brot purzeln die Kilos. Allerdings reichen Kohlenhydrate alleine nicht aus. Auch Eiweiß, Fett und Gemüse dürfen im Ernährungsplan nicht fehlen, spielen eine wichtige Rolle.

Viele Faktoren sind wichtig, um Ihren persönlichen Ernährungsplan zu erstellen und die nötigen Kohlenhydratmengen zu errechnen. Es kommt nicht nur auf Alter, Gewicht und Körpergröße an. Bei der fit10©-Methode werden nur von den Kohlenhydrat- und Eiweißprodukten Menge und Art vorgegeben. Für Gemüse und Fett gibt es ganz einfache praktische Regeln (siehe Kapitel 7).

fit10©, die gesunde Antwort auf den Diäten-Wahnsinn

Wer abnehmen will, dem wird es heutzutage nicht leicht gemacht. Zu viele Diäten versprechen den schnellen Erfolg. Während man sich früher noch an „FdH“ hielt, werden heute Abmagerungskuren über die Medien transportiert, bei denen einem bereits beim Hinschauen schlecht werden kann. Es wird Blut abgenommen, das Eiweiß aufgespaltet, Kohlenhydrate weggelassen oder getrennt, einen Tag viel, am nächsten nichts gegessen. Viele Abnehmwillige hungern völlig zwecklos vor sich hin. Denn wer zu wenig isst, nimmt erst recht nicht ab, da der Körper aus lauter Hungersnot keine Reserven mehr aufgibt. Niemand kennt sich mehr aus, am Ende lauert der Jo-Jo-Effekt. Eine ausgewogene Ernährung mit einer vernünftigen Portion Kohlenhydrate (Brot, Reis, Nudeln, Kartoffeln) bringt den Körper wieder in Schwung und lässt ihn Reserven verbrennen.

Bevor Sie mit fit10© loslegen, möchte ich Sie noch kurz an etwas ganz Wichtiges erinnern: Nur wenn Sie Ihren Körper akzeptieren, werden Sie Kilos loswerden. Sagen Sie Ja zu sich selbst, sagen Sie Ja zu Ihrem Vorhaben: Nehmen Sie Ihren Körper an, auch wenn Sie ihn im Moment nicht wirklich leiden können oder lieben.

Sagen Sie ja!

Sie sind bereits sicher, dass Sie Ihr Leben verändern wollen? Sie haben sich für den fit10-Plan entschieden? Sie möchten ein neues Körpergefühl und sehnen sich nach neuen Herausforderungen? Prima. Aber bitte vergessen Sie nicht, dass sich mit jeder körperlichen Veränderung auch die Psyche verändern möchte. Gedanken, Emotionen und Erlebnisse sind in unseren Zellen, in unserem Körper abgespeichert. Wenn wir nun unseren Körper zu verändern beginnen, dann gehen die psychologischen Geschichten damit Hand in Hand, drängen zur Auflösung.

fit10 – der Plan, das Ziel

Das Ziel von fit10© ist einerseits, wieder richtig essen zu lernen, andererseits eine Gewichtsabnahme – und zwar möglichst nur Fett und nicht Muskelmasse. Daher ist es so entscheidend, die richtigen Mengen zur richtigen Zeit zu essen, den Körper dazu zu bringen, überschüssig gespeicherte Energievorräte in Form von Fett zu mobilisieren. Bei starkem Übergewicht hat der Körper meist auch viel Wasser gespeichert, daher ist es ganz normal, dass in der Anfangsphase auch Wasser abgebaut werden kann. Das ist eine wichtige und erleichternde Veränderung im Organismus.

Beratung ist wichtig

Wenn Sie fit10© gezielt umsetzen möchten, um Ihr Gewicht zu reduzieren, wäre es sinnvoll, dies mit Hilfe einer fit10©-Ernährungsberatung anzugehen. Dabei erhalten Sie Ihren ganz persönlichen, auf Ihren Körper und Lebensalltag abgestimmten Plan. Damit ist eine Gewichtsabnahme dauerhaft erfolgreich und garantiert. Sie können sich auf der Homepage www.fit10.at genauer informieren und eventuell sogar Ihren Berater auswählen oder die ebenfalls sehr erfolgreiche Onlineberatung nutzen. Im Anhang des Buches finden Sie einen Gutschein für eine ermäßigte fit10©-Beratung.

BIA – der Körper wird vermessen

Bei einer persönlichen Beratung besteht die Möglichkeit, Ihre „Körperzusammensetzung" mittels BIA-Messung (Bio-Impedanz-Analyse) festzustellen: Die BIA-Messung ist eine Widerstandsmessung, bei welcher Wechselstrom von den Füßen bis zu den Händen durch den Körper fließt. Magermasse (Wasser und Körperzellen) ist leitfähig, daher fließt der Strom von Zelle zu Zelle und man kann so den Anteil an Magermasse (Wasser und Zellen) ermitteln. Einfach ausgedrückt gibt diese Messung Aufschluss über den aktuellen Anteil des Körpers an Muskeln, Wasser und Fett. Der erfahrene Berater kann noch viel mehr bei dieser Messung erkennen, u.a. auch den Ernährungszustand der Zellen.

Wenn das Körpergewicht durch Abwiegen ermittelt ist und die Magermasse gemessen wurde, lässt sich sehr leicht der Fettwert errechnen. Körpergewicht minus Magermasse ist Körperfett.
Die Magermasse setzt sich zusammen aus Wasser und Zellen, wobei es sich bei den Zellen u.a. auch um die aktiven Muskelzellen handelt, die trainiert werden können, wodurch auch der Grundumsatz festgestellt werden kann. Grundumsatz ist jener Energieverbrauch, den man auch noch hat, würde man 24 Stunden ausschließlich schlafen oder ruhig liegen. Durch Arbeit, Bewegung usw. erhöht sich der Grundumsatz um ein Drittel oder darüber hinaus.

Die BIA-Messung bietet eine ideale Möglichkeit, den Verlauf einer Ernährungsumstellung, aber auch Veränderungen durch ein sportliches Training zu kontrollieren. Es wird durch die Messung deutlich, ob tatsächlich Fett abgenommen wurde oder nur Wasser. Man erkennt z.B. auch einen Muskelabbau bei Diäten. Wird viel trainiert, kann man natürlich auch einen Muskelaufbau verfolgen.

Durch diese Kontrolle besteht die Möglichkeit, wenn nötig, entsprechende Veränderungen vorzunehmen. Es kommt auch vor, dass durch diese Messung gezeigt werden kann, dass trotz kurzfristigem Stillstand auf der Waage dennoch Fett abgebaut wurde. Das ist eine Beruhigung für die Klienten, nimmt ihnen den Stress.

Onlineberatung

Es ist kein Problem, den fit10© Plan auch ohne BIA-Messung zu erstellen. Dabei helfen meine große Erfahrung und ein einfacher Fragebogen, der neben Gewicht, Größe, Alter, Gewohnheiten noch wenige weitere kurz zu beantwortende Fragen inkludiert. Da schon weit über 1000 Klienten mit dem fit10©-Plan erfolgreich abgenommen haben, ist auch bekannt, dass der Muskelwert stabil bleibt und die Gewichtsabnahme hauptsächlich Fett ist. Ein Wasserverlust ist normal und kommt in unterschiedlicher Höhe vor. Die wöchentliche Gewichtskontrolle (siehe Protokollblatt) vermittelt einen guten Überblick.

Portionsgrößen

Die Menge Kohlenhydrate, die Sie zum erfolgreichen Abnehmen brauchen, wird mit Hilfe der BIA-Messung und einer Anamnese erhoben oder mit Hilfe des Fragebogens ermittelt. Für die Portionsgrößenbestimmung werden Informationen wie Schilddrüsenüber- oder -unterfunktion, sportliche Aktivitäten, Menopause, Grunderkrankungen etc. zusätzlich berücksichtigt.

Gehen Sie es an!

Der Einstieg

Die erste Phase der Ernährungsumstellung gelingt meist leicht, ist man doch hoch motiviert. Und genau das nutzen wir aus, gestalten die ersten Wochen etwas anspruchsvoller und verlangen Ihnen einiges Durchhaltevermögen ab.

Während des Einstiegs sollte sich der Stoffwechsel des Körpers so verändern, dass die Fettverbrennung angekurbelt werden kann, Heißhungerattacken reduziert werden, die Verdauung optimiert wird und sich bereits erste Anzeichen einer Verbesserung der Fitness zeigen. Der Einstieg kann für einige Teilnehmer eine starke Veränderung des Essverhaltens bedeuten (z.B. regelmäßiges, recht üppiges Frühstück, kleines Abendessen).

Wenn Sie die ersten drei Wochen geschafft haben, fällt Ihnen das „richtige Essen“ jede Woche danach leichter.

Ernährungsumstellung in drei Schritten

fit10© gliedert sich in drei Schritte, die im Aufbau fast gleich sind, sich jedoch in für den Erfolg wesentlichen Kleinigkeiten unterscheiden. Es ist wichtig, den Körper immer wieder aufs Neue zu reizen. Nur so kann man abnehmen und das Wunschgewicht auch halten.

Während im ersten Teil (Dauer drei Wochen) zu jeder Mahlzeit Kohlenhydrate gegessen werden, fallen diese im zweiten Teil (Dauer vier Wochen) abends weg und kommen im dritten Teil (Dauer drei Wochen) langsam wieder dazu.

In den ersten drei Wochen verzichten wir auf Butter oder Margarine, Marmeladen oder Honig zum Frühstück. Auch süße Speisen stehen kurzfristig nicht auf dem Speiseplan. Im zweiten Teil dürfen Sie wieder zu Butter und auch zu Süßem greifen. Ab Teil zwei gibt es Zusatzaufgaben, wie z.B. einen Obst- und Gemüsetag pro Woche, einzuhalten, ab Teil drei ein leichtes Eiweiß-Abendessen. (Erklärungen hierzu in den jeweiligen Kapiteln.)

Diese Art der Ernährungsumstellung bewirkt eine positive Veränderung der Physiologie Ihres Körpers. Allerdings ist ein konsequentes Einhalten des Plans Voraussetzung für eine erfolgreiche Entwicklung. Eine regelmäßige Umsetzung von kleinen Veränderungen führt zu großen Effekten. Wenn Sie 100-prozentig dazu bereit sind, dann ist fit10© genau das Richtige für Sie.

Dreimal essen am Tag

Gegessen wird dreimal am Tag: Frühstück, Mittagessen und Abendessen. Wichtig sind die Pausen: Zwischen den Mahlzeiten sollten vier bis sechs Stunden vergehen, in denen man zwar etwas Zuckerfreies trinken darf, auch Kaffee oder Tee, aber nichts essen soll. Im Notfall darf man ein paar Nüsse naschen, mehr jedoch nicht!

Ein Lob auf das Frühstück

Iss in der Früh wie ein Kaiser, zu Mittag wie ein König und am Abend wie ein Bettelmann! Dieses Sprichwort ist sehr alt, es gilt aber noch immer. Dabei ist es nicht nur wichtig, dass man frühstückt, sondern auch, dass man rechtzeitig – 90 bis spätestens 120 Minuten nach dem Aufstehen – und das Richtige isst. Warum ist das so? Während wir schlafen, verbrauchen wir auch Energie, denn das Herz schlägt weiter, die Lungen sichern die Sauerstoffversorgung, die Verdauungsorgane arbeiten und das Gehirn kontrolliert sämtliche Vorgänge und verarbeitet Erlebtes.

Wenn wir nun am Morgen aufstehen, dann nimmt unser Energieverbrauch stetig zu, ein Auftanken mit entsprechender Energie ist sinnvoll. Essen wir nichts, weil wir keinen Hunger oder keine Lust haben, womöglich die Zeit fehlt, muss der Körper aus den eigenen Reserven Energie schöpfen. Wir hätten es natürlich am liebsten, würde er die Energie aus dem meist überschüssigen Körperfett gewinnen. Doch gerade das nimmt der Körper nicht zur Energiegewinnung am frühen Morgen, er nimmt Kohlenhydrate aus Muskulatur und Leber sowie Eiweiß, und das ebenfalls aus der Muskelmasse. Die Energiegewinnung aus Fett ist viel zu aufwendig und vor allem nicht logisch für den Körper, da er bereits in der Nacht Fettreserven mobilisiert hat. Außerdem verbrennt der Körper nur Fett im Feuer der Kohlenhydrate. Wenn wir also nicht frühstücken, wird der Kohlenhydratspeicher „angezapft“ und im Laufe des Tages, meist am Nachmittag, entstehen durch dieses „Minus“ Heißhungerattacken. Das Hungern zur falschen Zeit hat also keinen Sinn, denn einerseits wird das „Ersparte“ doppelt und dreifach nachgeholt, andererseits kommt es zu einer starken Insulinfreisetzung und dadurch zur Fetteinlagerung, sobald wieder etwas gegessen wird.

Isst z.B. ein erwachsener Mann zum Frühstück nur ein bis zwei Scheiben Toastbrot oder eine Semmel oder eine Scheibe Brot mit Belag nach Wahl, so entfacht er in seinem Körper kein Feuer, es entsteht höchstens ein Flämmchen. Vergleichbar mit dem eines Streichholzes. Wenn Sie mit diesem Flämmchen ein Blatt Papier verbrennen möchten, so wird das Flämmchen wahrscheinlich ausgehen, bevor das Blatt Papier brennt. Das Gleiche geschieht im Körper nach einem unzureichenden Frühstück. Abgesehen davon, dass das Feuer ausgeht, stellt sich der Körper auf die kleine Frühstücksmenge ein und schraubt seinen Energiebedarf herunter, damit er den ganzen Tag über zurechtkommt (es geht wieder um dem lebenserhaltenden Trieb). Das Frühstück ist also tatsächlich die wichtigste Mahlzeit am Tag.

Das innere Feuer muss in der Früh ordentlich angeheizt werden, nur dann ist der Körper optimal für den Tag vorbereitet. Nach dem Anheizen „verbrennt“ das Frühstück. Wir geben dem Körper vier bis sechs Stunden Zeit, damit er das Gegessene und möglichst noch ein paar Fettreserven, gründlich verwertet. Mit dieser Essenspause stellt man seinen Körper tatsächlich auf „Verbrennen" um, man beginnt abzunehmen – und zwar Fett. Wenn Sie in dieser Zeit etwas nachlegen, ein Stück Obst, Gemüse oder Sonstiges, dann unterbrechen Sie diesen wichtigen Verbrennungsprozess aufgrund einer Insulinausschüttung, die sofort den Verbrennungsmodus in einen Einlagerungsmodus umkehrt. Überschüssiges Fett kann nicht mehr abgebaut werden. Der gewünschte Erfolg bleibt aus. Diese Pausen schaffen Sie nur dann dauerhaft, wenn Sie auch ausreichend und richtig zu den Mahlzeiten essen.

Während des fit10©-Programms soll man im ersten Teil auf Butter und Streichfett beim Frühstück verzichten. Warum ist das wichtig? Man muss dem Körper immer wieder neue Reize bieten, denn nur Nahrungsmittelveränderungen veranlassen den Körper, sich zu verändern. Aber: Auf die Butter müssen Sie nur in den ersten drei Wochen verzichten. Ab Woche vier kommt sie wieder aufs Brot!

Ein Rechenbeispiel zeigt, wie groß die Ersparnis an Kalorien durch Weglassen von ganz geringen Fettmengen ist.

1 % Fett gegen 3,6 % Fett: der Joghurt-Vergleich

Mager-Joghurt 1% = 1 g Fett pro 100 g Joghurt.
Ein 200-g-Becher Joghurt enthält 2 g Fett.

Joghurt 3,6% = 3,6 g Fett pro 100 g Joghurt.
Ein 200-g-Becher Joghurt enthält 7,2 g Fett.

Der Unterschied liegt bei 5,2 g Fett pro Becher. Isst man täglich Joghurt, so kann man sehr einfach eine Menge an Fett/Kalorien einsparen.

Konkrete wöchentliche Ersparnis, wenn man auf Magerjoghurt umsteigt:

7 Tage x ca. 5 g Fett = 35 g Fett (1 g Fett = 9,1 kcal)
35 g Fett = 355 kcal – so viel wie eine halbe Mittagsportion oder ein Abendessen.

Achtung!
Fettreduziertes Fruchtjoghurt enthält meist sehr viel Zucker (bis zu 5 Würfelzucker). Besser ist es, Früchte selber in Naturjoghurt zu mischen.

Zu Mittag ausreichend essen

Zu Mittag muss entsprechend „nachgelegt" werden, das heißt, dass man erneut komplexe Kohlenhydrate essen muss, damit das „Feuer" nicht ausgeht und auch weiterhin Fett verbrannt werden kann. Tut man das nicht, schafft das kleine Streichholz-Flämmchen es nicht, alles zu verbrennen, egal wie klein diese Mahlzeit auch ist. Das Feuer wird erstickt. Der Verbrennungsmotor ist überfordert. Der Stoffwechsel „läuft über", und zwar in Richtung Fettaufbau. Sie können sich vorstellen, dass das nicht der richtige Weg ist, um abzunehmen. So wie Sie Ihren Körper in den ersten Stunden des Tages „einstellen", so arbeitet er. Das heißt, wenn Sie Ihren Verbrennungsmotor auf Sparflamme drehen, weil Sie nicht gefrühstückt haben, so wird der Körper seine Funktionen anpassen, damit er über die Runden kommt. Wenn dann allerdings zu Mittag ordentlich nachgeholt wird, während der Motor auf niedrige Stufe eingestellt ist, kann man sich gut vorstellen, dass der Körper die Mittagsmenge nicht entsprechend verwerten kann und Fettreserven anlegt. Isst man zu wenig oder nur einfache Kohlenhydrate (Leberkäsesemmel, Topfengolatsche, Süßigkeiten etc.), so entsteht keine günstige Stoffwechselsituation. Auch wenn Sie nur wenig und „Gesundes", wie etwa Salat oder Joghurt oder Ähnliches, wählen, die Verwertung liefe besser, wenn Sie gefrühstückt hätten. Eine effiziente Fettabnahme wird nur mit einem ausreichenden Frühstück möglich.

Das Mittagessen besteht aus einer Kohlenhydrat-Portion, also jeder Menge Nudeln, Reis oder Kartoffeln und Brot, kombiniert mit Eiweiß in Form von Fleisch oder Hülsenfrüchten, Käse, Joghurt plus zwei Handvoll Gemüse – das macht eine runde, gesunde Mahlzeit aus. Dann geben Sie dem Körper, was er braucht, um das Verbrennungsfeuer auf Hochtouren zu halten, die richtige Energie für den Tag bereitzustellen und dann auch noch überschüssiges Fett abzubauen.

Das Abendessen nicht auslassen

Eine große Abendmahlzeit kann der Körper nicht mehr verbrauchen. Warum auch? Der Körper kommt nun endlich einmal zur Ruhe, und dann soll er noch viel Energie verbrauchen? Im Gegenteil! Der Energiehaushalt fährt nach getaner Arbeit runter. Abendmahlzeiten, die so üppig ausfallen wie Mittagsmahlzeiten, verhindern sehr oft auch Tiefschlafphasen, sie reduzieren den Erholungswert der Nachtruhe. Das Abendessen fällt am kleinsten aus. Doch auch jetzt sollte etwas gegessen werden, denn wir verbrennen auch nachts Kalorien und Fett. Wie die jeweiligen Ess-Einheiten aussehen sollen, finden Sie in den entsprechenden Kapiteln.

Beispiele aus der Praxis

Eine berufstätige Mutter ist in der Früh besonders im Stress: Sie muss die Kinder für die Schule fertig machen und anschließend zur Arbeit fahren. Das Frühstück lässt sie häufig aus oder isst es erst gegen zehn Uhr.

Das ist viel zu spät! Die Frau ist seit etwa sechs Uhr früh auf den Beinen und verbraucht von der ersten Minute an sehr viel Energie. In der Nacht davor hat sie auch bereits Energie verbraucht,

Atmung, Herz, Gehirn, Verdauung müssen während des Schlafens weiterarbeiten. Der Körper kommt also auch in der Nacht durchaus in die Fettverbrennungsphase, doch die kann nicht ewig aufrechterhalten werden, vor allem wenn der Körper dann bereits beginnt zu unterzuckern und die Kohlenhydratspeicher mobilisiert werden müssen. Ein derartiges Verhalten führt sehr oft in die Heißhungerfalle und vor allem zu einer Fetteinlagerung. Es ist ein „Sparen am falschen Platz"!

Ein berufstätiger Mann hat während des Tages so viel Stress, dass er mittags nicht zum Essen kommt und auch gerne darauf verzichtet, weil er das als günstige Gelegenheit zum Energiesparen

Rechtzeitig essen

Erst vier Stunden oder länger nach dem Aufstehen zu essen, ist viel zu spät. Der Körper hatte schon Energiebedarf, und den musste er aus den eigenen Reserven decken. Er greift allerdings, weil der Blutzucker schon niedrig ist, nicht auf die Fettreserven zurück. Der Körper hat auch seinen Energiehaushalt angepasst, der Verbrennungsmodus ist auf „niedrig" eingestellt, um weiterhin funktionieren zu können.

sieht. Das Fasten fällt ihm leicht, weil er ohnedies lieber am Abend mit seiner Familie „ordentlich" isst. Der Körper kommt nach sieben bis acht Stunden Nahrungsentzug in den so genannten Hungerstoffwechsel, und wenn man in dieser Phase zu viel isst, schießt die Insulinproduktion über und der Körper geht zur Fetteinlagerung über. Denn untertags rettet sich der Körper mit Energie aus seinen Kohlenhydratreserven und Muskeln, das heißt, der Körper verbraucht dennoch Energie, auch wenn man keine Zeit und keine Lust zu essen hat. Doch der Körper muss seine Energie von irgendwoher nehmen, wenn er sie nicht durch Nahrung geliefert bekommt.

Nun zu denken, am Abend deswegen mehr essen zu können, ist der größte Fehler, den man ernährungstechnisch machen kann. Denn: Energie kann man nicht nachtanken. Wenn ich viel Stress habe, verbrauche ich viel Energie und mein Körper kann dann die Energieaufnahme vollständig verwerten. Wird im Stress nichts gegessen und das Hungergefühl übergangen, bedeutet dies nur noch mehr Stress für den Körper.

Essen richtig einteilen

Wenn der Tagesenergiebedarf bei ca. 2500 Kilokalorien liegt, dann muss ich diese Menge über den ganzen Tag verteilt essen. Nur dann nehme ich nicht zu. Esse ich hingegen in der Früh nichts, zu Mittag nur wenig und am Abend plötzlich über 1500 Kilokalorien oder mehr, dann wird mein Körper mit der plötzlichen Kalorienzufuhr nicht umgehen können und Fett einlagern. Über einen Zeitraum von ca. zehn Jahren kann z.B. so der Fettanteil des Körpers um ca. zehn Kilogramm steigen, ohne dass man gravierend viel gegessen hat. Ein Effekt, der immer wieder zu beobachten ist.

Die Pausen dazwischen – warum sie so wichtig sind

Nur wenn Sie vier bis sechs Stunden nichts essen, können die überschüssigen Kilos abgebaut werden. Denn nur in solch langen Pausen werden die Fettpölsterchen aus ihren Reserven gelockt.

In den Pausen isst man kein Obst und Gemüse, kein Joghurt, kein Bonbon und auch keinen Kaugummi. Der Abnehm-Erfolg stellt sich nur dann ein, wenn man das Richtige zu den Mahlzeiten isst. Durch eine ausgewogene und ausreichende Versorgung zu den Mahlzeiten schafft man eine ideale Voraussetzung für die Fettverbrennung. Wenn man etwas isst, steigt der Blutzuckerspiegel an, die Kohlenhydrate werden zu Zuckerbausteinen verdaut und fluten in den Blutkreislauf. Je nachdem was man isst, erfolgt der Blutzuckeranstieg schneller oder langsamer (siehe Kapitel „Kohlenhydrate"). Wenn man nun etwas isst, wird Insulin aus der Bauchspeicheldrüse freigesetzt, damit der Zucker nicht im Blut bleibt, sondern in die Zellen eingebaut werden kann. Erst wenn das Insulin wieder auf ein gewisses Niveau abgebaut wurde, kann der Körper mit der Fettverbrennung beginnen. Es dauert je nach Mahlzeit und Energieverbrauch bis zu drei Stunden, bis die Fettverbrennung effizient einsetzt. Diese hält dann weitere zwei bis drei Stunden an. Wenn man daher zwischendurch zum Beispiel nur ein Zuckerl oder Obst isst oder einen Saft trinkt, wird erneut Insulin freigesetzt und es kann kein Fett verbrannt werden. Im Gegenteil: Es kommt dann eher zu einem Fetteinbau. Die Fettverbrennung lässt sich auch nicht beliebig lang fortsetzen, denn wenn man länger als sechs Stunden nichts isst, muss der Körper wiederum Kohlenhydrate aus seinen Reserven holen. Dann entsteht in den Kohlenhydratspeichern des Körpers wieder ein Minus, und wenn dann nach acht oder neun Stunden gegessen wird, befindet sich der Körper schon mitten im Hungerstoffwechsel und es wird besonders viel Insulin freigesetzt, wodurch eine effiziente Verwertung der Nahrung nun nicht mehr gewährleistet ist und es zu einer vermehrten Fetteinlagerung kommt.

Auf die Pausen dazwischen kommt es an. Vier bis sechs Stunden nichts essen ist eine wichtige Voraussetzung. Geben wir dem Körper bereits nach zwei Stunden wieder etwas zu essen, wird wieder Insulin ausgeschüttet, aber leider kein Fett verbrannt. Acht bis neun Stunden Pause zu machen, das nützt auch nichts. Denn Fett kann nur im Feuer von Kohlenhydraten verbrannt werden. Daher ist es besonders wichtig, diese Pause von vier bis sechs Stunden einzuhalten. Während dieser Zeit sollten Sie ausreichend trinken.

Nüsse für den Notfall

Wenn eine Heißhungerattacke droht, können Nüsse eine Hilfe sein. Sie sollten deshalb immer drei bis fünf Nüsse dabei haben. Bitte nehmen Sie keine ganze Nusspackung mit, denn die Gefahr ist zu groß, dass Sie zu viel davon essen. Sie können alle Arten von Nüssen essen, nur bitte keine gerösteten und gesalzenen oder gar mit Zucker überzogenen.

Nüsse und auch andere Ölsamen enthalten wertvolle Fettsäuren, so genannte mehrfach ungesättigte Fette. Diese Fette sind ein wichtiges Baumaterial für unsere Zellen. Nüsse sind aber auch gute Eiweißlieferanten für das Gehirn, um das Glückshormon Serotonin aufbauen zu können. Das Verlangen nach Zwischenmahlzeiten ist sehr oft „das Verlangen nach Glück", also eigentlich nach Serotonin.

Alternativ zu Nüssen können Sie auch Sonnenblumenkerne oder Kürbiskerne essen.

Warum der Obst- oder Gemüsetag so wichtig ist

Am Obst- und Gemüsetag wird wenig Energie aufgenommen, Kohlenhydrate sind ganz gestrichen, es gibt auch kein bzw. kaum Eiweiß. An diesem Tag isst man nicht dreimal, sondern fünfmal. Dies ist wichtig, da wirklich viel zu wenig Energie aufgenommen wird. Würde man nur dreimal essen, wäre dies keine günstige Situation für die Muskeln. Der physiologische Sinn: Dieser Fastentag ermöglicht ein erneutes Ankurbeln der Fettverbrennung in den darauf folgenden Tagen.

Der psychologische Sinn: Es macht einen psychisch stärker, wenn man einen Fasttag geschafft hat. Mag man diesen Obst- und Gemüsetag sehr gerne, so kann man diesen später immer wieder einsetzen, etwa um nach sehr üppigen Tagen wieder zurück ins normale Essverhalten zu finden. Oft braucht der Geist danach mehr Unterstützung als der Körper, der Obst- und Gemüsetag hilft beiden.

Kaugummi verwirrt den Stoffwechsel

Unmittelbar nach einer Mahlzeit aus zahnhygienischen Gründen zuckerfreien Kaugummi zu kauen, ist kein Problem. Aber wenn ich eine Zwischenmahlzeit durch Kaugummikauen ersetze bzw. wenn man ständig Kaugummi kaut, kann das ungünstige Auswirkungen haben. So kann der süße Geschmack eines zuckerfreien Kaugummis eine Insulinfreisetzung bewirken. Recherchiert man in diversen Studien, so findet man dazu geteilte Meinungen. Während die einen behaupten, dass Süßstoff keinerlei Wirkung auf die Insulinfreisetzung hat, bestätigen andere wiederum, dass es sehr wohl zu einer cephalen (vom Gehirn gesteuerten) Insulinfreisetzung kommt, und diese würde die Fettverbrennung gerade zwischen den Mahlzeiten blockieren.

Der Körper ist so programmiert, dass er stets sehr effizient arbeiten kann. Das heißt, dass er auf Reize sehr rasch reagiert, und zwar schon mit einigen Schritten im Voraus. Wie kann man sich das nun vorstellen? Wenn man einen Kaugummi kaut, dann wird allein durch die Kaubewegung der Magen zur Magensaftproduktion angeregt. Denn normalerweise würde man nach dem Kauen Nahrung schlucken, die im Magen entsprechend verarbeitet wird, um dann in den Darm abgegeben zu werden. Der Magensaft enthält neben eiweißverdauenden Enzymen vor allem auch Salzsäure. Salzsäure ist hochwirksam: Sie ist einerseits bakterizid, hilft aber auch die Nahrung, vor allem das Eiweiß, wie es in Fleisch, Eiern usw. enthalten ist, zu denaturieren (zerlegen).

Wird nun, durch Kaugummikauen angeregt, Magensaft produziert, jedoch keine Nahrung geschluckt, so schädigt der Magensaft die Magenwand. Passiert dies ab und zu, so ist es höchstwahrscheinlich kein Problem. Der Magen hat eine robuste Schleimhaut, die das eine Zeitlang gut wegsteckt. Doch macht man dies regelmäßig, isst womöglich sehr wenig, versucht den Hunger mit Kaugummikauen zu unterdrücken, kann es mit der Zeit zu entzündlichen Reaktionen, sprich: Gastritis kommen. Vor allem wenn man bereits einen empfindlichen Magen hat, sollte man keinesfalls zwischendurch regelmäßig Kaugummi kauen.

Umfallen ist kein Scheitern

Man darf auch mal umfallen. Doch bitte verwechseln Sie das nicht mit Scheitern. Denn es kann schon mal vorkommen, dass wir die Mengenangaben nicht einhalten können, weil der Hunger so groß ist und wir es an einem Tag nicht schaffen. Kein Problem – bitte machen Sie sich auf keinen Fall ein schlechtes Gewissen, nehmen Sie Ihre Entscheidung, mehr gegessen zu haben, an und machen Sie weiter. Denn wenn man am nächsten Tag wieder richtig weitermacht und sich an die fit10-Vorgaben hält, dann wirkt sich der Ausbruch nicht aus, man pendelt sich wieder ein und kann frohen Mutes weitermachen. Viele Menschen neigen dazu, nach einem solchen Fehltritt gleich ein schlechtes Gewissen zu haben und am nächsten Tag weniger essen zu wollen. Oder es stellt sich das Gefühl ein, dass es „eh schon egal“ ist, man hat wieder versagt, bricht das Programm ab, bleibt bei der falschen Ernährung. Steigen Sie aus diesem Teufelskreis aus!

Man muss einfach lernen, mit Rückfällen umzugehen. Man kann und man soll auch bei einer Ernährungsumstellung einfach mal Ja zu der einen oder anderen „Sünde“ sagen können. Allerdings muss man sich auch in Gesellschaft ein Nein erlauben dürfen.

Man muss auch lernen, vorausschauend zu denken und zu planen. Sind zum Beispiel viele Einladungen auf dem Terminkalender, so kann man sich ja darüber freuen, denn immerhin trifft man nette Menschen und man kann sicher auch mal bei der einen oder anderen Einladung weniger essen und den Alkohol meiden.

Sagen Sie Ja, aber auch Nein!

Finden Sie die Balance. Sagen Sie zwar Ja zu sich, wenn Sie einmal die Entscheidung treffen, mehr zu essen, aber sagen Sie dann auch wieder Nein und halten Sie sich an die vorgegebenen Mengenangaben. Diese Balance zu finden, das ist die Herausforderung. Doch Sie können das schaffen.

Drei Joker

Es gibt während dieser zehn Wochen drei Joker, die Sie einsetzten dürfen, wenn Sie sich einmal nicht nach Plan ernähren können oder wollen. Drei Joker für diese zehn Wochen, das ist nicht gerade viel, aber es reicht, um auch einmal aus dem vorgegebenen Plan ausbrechen zu können. So werden etwaige Rückfälle abgefangen.

In solchen und ähnlichen Fällen dürfen Sie den Joker nutzen:

- Falls Sie eine Einladung zum Essen haben, bei der Sie schwer widerstehen können bzw. wo Sie die Regeln von fit10© nicht einhalten können.
- Sie haben ein „Arbeitsessen", das Sie unmöglich absagen können …
- Sie sind zu einer Feier eingeladen.
- Es hat einen kleinen Rückfall gegeben.

Bitte notieren Sie auf dem Protokollblatt unter „Bemerkung", wann, warum und wie Sie den Joker genutzt haben (z.B. Alkohol getrunken, zwischendurch genascht, Kohlenhydrate am Abend gegessen).

Der Joker ist wichtig, um eine flexible Kontrolle zu ermöglichen. Sie lernen damit, Situationen bewusst zu überdenken und nicht leichtfertig zu reagieren.

Ausrede

Es empfiehlt sich tatsächlich, manchmal zu schwindeln, um sich nicht mit Erklärungen zur Ernährungsumstellung rechtfertigen zu müssen. Besser man behauptet, eine leichte Magenverstimmung zu haben, denn da fragt meist niemand nach.

Der Teufelskreis mit dem Zucker – zum „Schokoholic" erzogen.

Essen Sie ständig zwischen den Mahlzeiten Süßes, so begeben Sie sich in einen Teufelskreis: Durch den süßen Geschmack angeregt, schüttet die Bauchspeicheldrüse sehr viel Insulin aus, um die Zellen auf den „drohenden Zuckeransturm" vorzubereiten. Der Blutzuckerspiegel schießt wie eine Rakete ungebremst in die Höhe, um danach rasch wieder abzustürzen, da der Zucker durch das viele Insulin rasch eingebaut ist. Meist kommt es zu einer Bruchlandung – mit einer Unterzuckerung, sodass der Körper, um diesen Unterzucker wieder ausgleichen zu können, erneut nach Süßem „schreit". An diesem Punkt ist die Willenskraft eher schwach; daher wird dem erneuten Gusto nachgegeben und schon geht es wieder von vorne los und so weiter und so weiter. Bei Kindern ist diese Situation ein sehr großes Problem. Sie führt dazu, dass immer mehr unserer Kleinen stark übergewichtig sind.

Wenn man sich die ganze Zeit zu kurz hält, sich zu rigide kontrolliert, z.B. während der zehn Wochen auf Süßigkeiten verzichtet, dann kommt irgendwann der Tag X, an dem man doch wieder zu Süßem greift. Meist bleibt es dann nicht beim kleinen Stück Schokolade, sondern dann muss es die ganze Packung sein. Also zuerst nichts und dann alles. Besser ist die Strategie der kleinen Schritte, dann lernt man besser damit umzugehen.

Bewegen – aber richtig

Da kommen Sie nicht drum herum: Bewegung muss sein. Aber gezielt! Auch hier ist ein Zuviel sinnlos und ein Zuwenig kontraproduktiv.

Beim Abnehmen sollte Bewegung auch Thema sein, allerdings ist weniger mehr, die Regelmäßigkeit ist das Entscheidende. Besonders wichtig ist jedoch, dass man auch ohne Bewegung abnehmen kann, wenn man in seiner Bewegungsfreiheit durch Krankheit oder Behinderung eingeschränkt ist. Gesunde Ernährung und ausgewogener Sport führen zu einem guten Körpergefühl, erhöhter Libido und mehr Vitalität.

Warum darf ich nicht zu viel Sport machen? Wenn ich eher unsportlich bin, dann muss sich der Körper erst an die Bewegungen gewöhnen. Hier zu übertreiben wäre unsinnig. Denn zu Beginn ist man noch hoch motiviert, gibt alles und läuft Gefahr, dass schon bald die Luft raus ist. Und

wenn man gleich am Anfang Vollgas gibt und zum Beispiel drei Stunden pro Woche laufen geht, dann ist eine Steigerung kaum mehr möglich. Also: Beginnen Sie sanft, mit kleinen Übungen und steigern Sie sich Schritt für Schritt. Außerdem kann man mit viel Sport eigentlich gar nicht wirklich abnehmen. Auch Profi-Sportler betreiben viele Stunden Sport am Tag und werden dadurch ja auch nicht gleich dünner. Im Gegenteil: Der Hunger wird größer, dadurch wird wieder mehr gegessen, und das ist es, was wir auf jeden Fall vermeiden möchten.

Wie viel Sport ist jetzt wirklich sinnvoll? Wir machen dreimal in der Woche Bewegung, Laufen, Walken oder Nordic-Walken, Wandern, Spazierengehen. Je nachdem, wie fit Sie sind, wie Ihr Gesundheitszustand im Moment ist usw. Das wird wieder individuell auf Sie abgestimmt.

Eine durchschnittlich gebaute wenig sportliche 37-jährige Frau mit einem 20-Stunden-Job, Familie und zwei Kindern, eine Frau, die den Haushalt „schupft“ und arbeiten geht, sollte ungefähr 30 Minuten dreimal in der Woche laufen gehen. Oder zumindest Walken. Zusätzlich kommen dann noch ein paar Kräftigungsübungen dazu.

Ausdauersport: Laufen, Walken oder Wandern bietet sich dafür an. Sie können natürlich auch zu Hause auf dem Hometrainer 30 Minuten radeln oder am Laufband laufen. Doch wenn das Wetter passt, empfehle ich, immer in die Natur hinaus zu gehen. Das entspannt gleich im doppelten Sinn. Die Bäume, Wiesen, Berge und Felder geben einem gleichzeitig auf anderen Ebenen Kraft und Energie. Die zusätzliche Bewegung an der frischen Luft stärkt das Immunsystem und wirkt sich sehr positiv auf den Gemütszustand aus. Probieren Sie's aus!

Kräftigungsübungen: Um einem Muskelabbau vorzubeugen, trainieren wir zusätzlich dreimal in der Woche für ca. 10 bis 15 Minuten unsere Muskeln.

Bleiben wir bei dem Beispiel dieser jungen Frau. Ihr empfehle ich Bauchmuskeltraining zu machen, in Form von Sit-ups (dreimal hintereinander, so lange Sit-ups machen, bis der Bauch spannt und die Muskeln brennen) und Frauenliegestütze. Dabei stützt sie sich mit den Ellbogen ab und macht 10–20 Liegestütze, so viele eben, bis es auch hier richtig anstrengend wird. Wenn Sie schon nach drei Liegestützen k.o. sind, kein Problem. Sie werden sehen, schon nach kurzer Zeit können Sie auch hier eine positive Veränderung wahrnehmen. Es wird zusehends leichter, die Muskeln kräftiger.

Sie sollten dabei auf keinen Fall den Spaß daran verlieren. Gehen Sie mit Freude an der Bewegung an die Sache heran und denken Sie an Ihr Ziel.

Ausreichend trinken

Zwischen den Mahlzeiten sollten Sie einen halben bis einen dreiviertel Liter oder auch mehr Wasser, stilles Mineralwasser, ungesüßte Tees (keine süßen Früchtetees) trinken. Ein Schuss Zitronensaft in das Wasser stört natürlich auch nicht. Erlaubt ist auch Kaffee, wenig Milch stört nicht, aber ungezuckert sollte er sein. Wenn Süßstoff, dann nur so wenig, dass der Kaffee dadurch nicht zu süß schmeckt.

Auch trinken will gelernt sein. Viele Menschen trinken zu wenig. Uns ist das Durstempfinden abhandengekommen. Oft hilft ein Trinkprotokoll. Immer wenn Sie ein Glas (ca. 200 ml) getrunken haben, notieren Sie das auf einem Zettel. Dieser Trick macht Ihnen bewusst, wie wenig Sie trinken, und wird Ihr Trinkverhalten verbessern.

Aber übertreiben Sie nicht! Wenn Sie gewohnt sind, nur einen Liter pro Tag zu trinken oder gar noch weniger, dann wird Ihr Körper von heute auf morgen zwei Liter nicht schaffen. Ihr Körper verhält sich dann wie ein trockener Tafelschwamm (können Sie sich an Ihre Schulzeit erinnern?). Hält man ihn unters Wasser, so rinnt das Wasser anfänglich durch und erst nach einiger Zeit saugt der Schwamm das Wasser wieder auf. Ihr Körper hat sich darauf eingestellt, wenig Wasser zu bekommen, und kann daher mit sehr großen Mengen nicht umgehen. „Das Wasser rinnt durch“ und man läuft ständig auf die Toilette.

Hier ein Trink-Kontroll-Tipp: Stecken Sie zehn Münzen in den rechten Hosensack und lassen Sie nach jedem getrunkenen Glas eine Münze in den anderen Hosensack wandern. Am Abend können Sie dann nachzählen, wie viel Sie tatsächlich getrunken haben. Die Münzen machen die Trinkhandlung bewusster, mit der Zeit denkt man daran und plötzlich trinkt man auch mehr.

Verdauung und fit10©

Verdauungsprobleme sind keine Seltenheit, sehr viele Frauen, aber auch Männer sind davon betroffen. Sowohl Durchfall wie auch Verstopfung treten häufig auf. Durch die Ernährungsumstellung mit fit10 wird die Verdauung sehr oft besser bzw. ist eine intakte Verdauung unbeeinflusst.

In den ersten drei Wochen, in welchen das Streichfett zum Frühstück weggelassen wird, kann es zu Verstopfung kommen. Falls Sie bereits vor fit10© unter Verstopfung gelitten haben bzw. diese in den ersten Tagen bekommen sollten, dann probieren Sie bitte Folgendes:

Zum Frühstück ein Glas lauwarmes Wasser mit
1 Esslöffel Weizenkleie oder
1 Esslöffel Flohsamen oder
1 Schuss Essig

Ist nach vier bis fünf Tagen keine Änderung eingetreten, dann versuchen Sie, zusätzlich ca. drei Dörrpflaumen zum Frühstück essen.

Falls Sie die nicht mögen bzw. dies auch nicht hilft, dann besorgen Sie sich bitte Topinambur. Sie bekommen Topinambur im Drogeriefachmarkt oder in der Apotheke als Pulver oder in flüssiger Form. Topinambur ist eine Knolle, ähnlich wie eine Kartoffel, die reich an so genannten Präbiotika (Inulin) ist. Präbiotika sind mehr oder weniger das Futter unserer Darmbakterien, die dadurch wieder gestärkt werden und so die Verdauung verbessern. Kurzfristig kann man auch in Wasser aufgelöstes Magnesiumpulver probieren; dies hilft auch sehr gut. Bitte trinken Sie ausreichend – ca. 2 Liter pro Tag lautet die Empfehlung. Bitte meiden Sie Abführmittel.

Das Thema Alkohol

Manchmal ist es gut, wenn man ein paar Fakten kennt, damit man aufgrund des Verständnisses auch besser damit umgehen kann. So auch mit Alkohol.

Alkohol ist ein Genussmittel, das aus ernährungstechnischer Sicht zwar verzichtbar ist, dennoch ab und zu genossen wird, auch für Entspannung sorgt. Vergönnen Sie sich ab und zu ein Achterl ohne schlechtes Gewissen.

Hier ein paar Daten, Fakten und Zahlen: Alkohol liefert pro Gramm ca. 7 Kilokalorien. Im Vergleich dazu liefert ein Gramm Fett ca. 9 Kilokalorien. Alkohol hat also eine sehr hohe Energiedichte. Außerdem bewirkt ein „Schluckerl" Alkohol eine starke Insulinfreisetzung, wodurch der Blutzucker sehr rasch abgebaut wird und es zu Heißhungerattacken kommen kann. Alkohol in Maßen ist ein Appetitankurbler.

Alkohol wird vom menschlichen Körper absolut nicht benötigt. Alkohol ist der einzige Nährstoff, der durch die Magenschleimhaut direkt in das Blutsystem abgegeben wird. Der Alkohol erreicht so auch schneller die Leber und wird verstoffwechselt. Der Körper möchte diesen unnötigen Nährstoff rasch loswerden. Alle anderen Nährstoffe, wie etwas Fett, Kohlenhydrate und Eiweiß, müssen erst in den Darm gelangen und können erst nach vollständiger Verdauung in die kleinsten Bestandteile (siehe Kohlenhydrate) ins Blut aufgenommen (resorbiert) werden.

Enegiereicher Alkohol

Man muss auf keinen Fall auf Alkohol verzichten, aber man muss damit rechnen, dass eine Gewichtsoptimierung mit regelmäßigem Alkoholkonsum erschwert wird.

Energie im Alkohol

Ein Glas Sekt: 100 Kilokalorien
1/8 l Wein, rot: 90 Kilokalorien
1/8 l Wein, weiß: 85 Kilokalorien
0,5 l Bier: 210 Kilokalorien
2 cl Schnaps: 45 Kilokalorien
2 cl Kräuterlikör: 50 Kilokalorien
2 cl Eierlikör: 55 Kilokalorien
200 ml Punsch: 285 Kilokalorien
200 ml Sangria: 200 Kilokalorien
200 ml Glühwein: 185 Kilokalorien

Kaffee lässt Wasser

Kaffee hat einen diuretischen Effekt, das heißt, er wirkt harntreibend. Aber nicht bei allen. Und wenn Sie zu denen gehören, die nach dem Kaffeegenuss rasch zur Toilette müssen, sollten Sie mindestens gleich viel Wasser trinken, wie Sie Kaffee konsumiert haben. Aber wenn Sie Kaffee trinken und danach keinen Harndrang verspüren, dann dürfen Sie Kaffee zur konsumierten Tages-Flüssigkeitsmenge rechnen. Und die sollte ca. zwei Liter betragen.

Fallbeispiel

Thomas

Thomas ist 40 Jahre alt und Vater von 2 Kindern. Er ist Musikschuldirektor, seine Arbeitszeit beginnt zu Mittag und dauert oft bis 21 Uhr.

Sein Startgewicht betrug 120 kg bei einer Körpergröße von 180 cm.

Thomas hat sich für die Onlineberatung entschieden, die räumliche Entfernung zu meiner Praxis war für eine persönliche Beratung zu groß. Er ist ein Beispiel dafür, wie gut auch die Beratung übers Internet funktioniert.

Mit Hilfe des von ihm ausgefüllten Fragebogens wurden die Portionen seines persönlichen fit10©-Plans errechnet. Nach Bedarf haben wir per E-Mail oder Telefon Kontakt gehalten.

Kommentar

Mag. Christina Lachkovics-Budschedl:
Nach neun Wochen hatte Thomas bereits 14 kg abgenommen und fühlt sich fit und wohl.

Thomas:

»Seit vielen Jahren versuche ich, auf mein Körpergewicht zu achten. Ich habe auch schon verschiedenste Diäten probiert (Cambridge-Diät, Herba Life usw.), viele Kilos abgenommen – und durch den Jo-Jo-Effekt mehr zugenommen, als ich davor abgenommen hatte.

Meine Ernährungsgewohnheiten der letzten Jahre kann ich in etwa so beschreiben:
Frühstück: nur Kaffee mit Milch und (reichlich) Zucker;
nach 2–3 Stunden dann Heißhunger auf Süßigkeiten;
Mittagessen – normal und gesund.
Aufgrund meines Berufes habe ich erst am Abend zwischen 20 und 22 Uhr Zeit, etwas Ordentliches zu essen. Dann habe ich üppig und zu viel gegessen. Zwischendurch habe mir natürlich auch reichlich Süßes, Fruchtsäfte und Snacks gegönnt, dazu wenig Bewegung –
kein Wunder, dass mein Körpergewicht ständig gestiegen ist.
Mit dem fit10©-Programm habe ich für mich die ideale Ernährungsform gefunden!«

Frühstück

Beispiele:

Teil 1 (Woche 1 bis 3)
3 Scheiben Brot mit Belag
Kaffee oder Tee

Teil 2 (Woche 4 bis 7)
1 dunkles Gebäck mit Butter
PLUS
30 g Müsli
PLUS
200 g Joghurt
PLUS
1 Stück Obst

Teil 3 (Woche 8 bis 10)
2 Scheiben Brot mit Butter
plus
1 Scheibe Brioche

Mittagessen

Beispiele:

Teil 1 (Woche 1 bis 3)
Ca. 450 g Krautfleckerln (aus 340 g quadratischen Teigwaren, gekocht, mit Kraut, Zubereitung nach dem üblichen Rezept)
PLUS
Rote-Rüben-Salat
PLUS
400 g Joghurt, mager, mit Früchten (selbst hineingeschnittenen; keine Banane)

Teil 2 (Woche 4 bis 7)
120 g Fisch, gebraten
PLUS
320 Petersilienkartoffeln
PLUS
Salat

Teil 3 (Woche 8 bis 10)
1 Portion Zucchinicremesuppe mit Rahm
PLUS
2 Scheiben Brot
PLUS
250 g Topfenauflauf mit Kompott

Abendessen

Beispiele:

Teil 1 (Woche 1 bis 3)
60 g Gebäck
PLUS
70 g Thunfisch
PLUS
Gemüse

Teil 2 (Woche 4 bis 7)
100 g Thunfisch
PLUS
Gemüse

Teil 3 (Woche 8 bis 10)
1 Schöpfer Couscous (gekocht)
PLUS
70 g Tofu
PLUS
Gemüse
Dinner light: z.B. 400 g Buttermilch

Die angegebenen Portionsgrößen sind für Thomas bemessen – die für Sie passenden erfahren Sie in Ihrer persönlichen fit10©-Beratung.

Der 10-Wochen-Plan

Der 10-Wochen-Plan

Bitte füllen Sie regelmäßig das Protokollblatt aus.

Pulsprotokoll:

Ruhepuls messen. Bitte messen Sie am Starttag des Programms Ihren Ruhepuls.
So wird es gemacht: Legen Sie noch am Vorabend eine Uhr mit Sekundenzeiger auf Ihr Nachtkästchen. Wenn Sie am nächsten Morgen aufwachen, dann setzen Sie sich ruhig im Bett auf und messen 10 Sekunden lang Ihren Puls (am Hals oder am Arm). Den gezählten Wert multiplizieren Sie mit 6 und das Ergebnis tragen Sie in Ihrem Protokoll ein. Nach jedem Abschnitt (nach Woche 3, 7 und 10) wiederholen Sie die Pulsmessung. Es sind keine zusätzlichen Messungen notwendig.

Wiegeprotokoll:

Sie müssen sich bitte einmal in der Woche auf die Waage stellen.
So wird es gemacht: Beginnen Sie am Starttag in der Früh, ohne Kleidung, nach dem WC-Gang, vor dem Frühstück. Stellen Sie sich von nun an immer nur am gleichen Wochentag auf die Waage und tragen Sie den Wert in Ihr Wiegeprotokoll ein. Bitte halten Sie sich daran, tägliche Kontrolle auf der Waage kann zu Stress führen. Und Stress bremst u.a. eine Gewichtsreduktion.

Messung der Taille (oberhalb des Nabels) und der Hüfte:

Es ist nicht so schlimm, wenn man nicht die idealen Stellen erwischt. Sie sollten sich jedoch merken, wo Sie ungefähr gemessen haben (Muttermale etc. dienen oft als Orientierungshilfe). Bitte notieren Sie die Werte auf dem Protokollblatt links oben. Erst nach 10 Wochen wiederholen Sie diese Messung.

Bewegungsprotokoll:

Tragen Sie bitte Ihr durchgeführtes Training ein.
So wird es gemacht: Die ersten drei Felder sind für die Ausdauereinheit gedacht. Jedes Ausdauertraining wird durch ein Kreuz markiert, das vierte Kreuz dürfen Sie machen, wenn Sie die Kraftübungen dreimal pro Woche absolviert haben. Im Vermerk können Sie Befindlichkeiten eintragen: z.B. Muskelkater, wird immer besser, macht keinen Spaß …

Ernährungsprotokoll:

Führen Sie bitte das Ernährungsprotokoll.
So wird es gemacht: Jede Woche, die geschafft ist, wird angekreuzt. Gerne können Sie auch eine Strichliste für jeden einzelnen Tag führen. Ab dem zweiten Ernährungsteil haben Sie ein zweites Feld für den Obst- und Gemüsetag – ist dieser erledigt, dann bitte ankreuzen. Ab dem dritten Abschnitt kommt noch ein Feld dazu. Dieses kreuzen Sie an, wenn Sie das leichte Eiweiß-Abendessen absolviert haben. Bei Bemerkungen tragen Sie Befindlichkeiten, wie Verdauung, Hunger, gutes Gefühl, und auch die Joker ein.

Taille Wo 1
Hüfte Wo 1
Taille Wo 10
Hüfte Wo 10

Pulswerte	Beginn	Wo 3	Wo 7

Gewicht	kg
Wo 1	
Wo 2	
Wo 3	
Wo 4	
Wo 5	
Wo 6	
Wo 7	
Wo 8	
Wo 9	
Wo 10	

Sport	Ausd.	Ausd.	Ausd.	Ausd.	Bemerkung
Wo 1	☐	☐	☐	☐	
Wo 2	☐	☐	☐	☐	
Wo 3	☐	☐	☐	☐	
Wo 4	☐	☐	☐	☐	
Wo 5	☐	☐	☐	☐	
Wo 6	☐	☐	☐	☐	
Wo 7	☐	☐	☐	☐	
Wo 8	☐	☐	☐	☐	
Wo 9	☐	☐	☐	☐	
Wo 10	☐	☐	☐	☐	

Ernährung	Woche erledigt	Obst-/Gemüsetag	Dinner light	Bemerkung
Wo 1	☐			
Wo 2	☐			
Wo 3	☐	☐		
Wo 4	☐	☐		
Wo 5	☐	☐		
Wo 6	☐	☐		
Wo 7	☐	☐		
Wo 8	☐	☐		
Wo 9	☐	☐	☐	
Wo 10	☐	☐	☐	

Das Protokollblatt und ein Beispiel für das Ausfüllen finden Sie im Anhang.

Woche 1 bis 3

Das sollten Sie in den ersten 3 Wochen einhalten:

- Immer einen Salat essen und/oder
- Immer Gemüse (roh oder gekocht) essen.
- Wenn Sie einen für Sie abgestimmten Plan haben, dann auf die für Sie persönlich berechneten Mengen achten.

Das sollten Sie in den ersten 3 Wochen meiden:

- Ketchup (viel Zucker), Senf ist jedoch erlaubt!
- Üppige Saucen (Fertigsaucen – viel Zucker und Fett!)
- Fertigdressings, nur Essig und Öl für den Salat.
- Ein selbst gemachtes Joghurtdressing ist kein Problem.
- Dessert nach dem Mittagessen (dies gilt nur für die ersten 3 Wochen, danach dürfen bzw. sollen Sie auch wieder naschen!); Obst ist immer als Nachtisch erlaubt.

Das Frühstück

Das Frühstück ist, wie wir ja bereits wissen, die wichtigste Mahlzeit des Tages. Ganz wichtig ist es, spätestens zwei Stunden nach dem Aufstehen zu essen. Wir müssen unseren Körper rasch mit Energie versorgen, damit sich das innere Feuer entzündet.

In den ersten drei Wochen gibt es ausschließlich dunkles Brot, es muss nicht unbedingt Vollkorn sein (Roggenbrot, Mischbrot, Vollkornbrot), aber kein Gebäck, auch kein dunkles. Brotscheiben lassen sich einfacher in der Einteilung der Kohlenhydrate einbauen und Brot ist meist kompakter als Gebäck, macht länger satt.

Beispiel Frühstück

1 Scheibe Brot mit Aufstrich

1 Scheibe Brot mit einem Blatt Schinken

1 Kiwi

1 Tasse Kakao (150 ml Milch, 1,8 % Fett und 1 TL Kakao)
(Obst oder Kakao kann man weglassen, das Brot mit Belag nicht!)

So kann ein Frühstück in den ersten drei Wochen aussehen:

Brotscheiben (die Menge richtet sich nach Ihrem persönlichen Plan)
mit Topfenaufstrich (siehe Rezepte-Teil ab Seite 86)
oder
je 1 Blatt Schinken
oder
je 1 Scheibe Käse (max. 45 % Fett) pro Scheibe Brot

1 Handvoll Rohkost (Gurke, Karotte, Paprika etc.)
oder
1 Stück Obst (keine Banane)

Kaffee oder Tee (jeweils ohne Zucker, etwas Süßstoff ist erlaubt)

1 kleines Joghurt (1 % Fett; ohne Früchte)
oder
200 ml Kakao (etwas Instant-Kakao ist erlaubt, ohne zusätzlichen Zucker)
oder
200 ml Milch

Immer ca. 250 ml Wasser zusätzlich trinken (nicht sehr kalt)

Das ist nicht erlaubt:

- Streichfett (Butter oder Margarine) für die nächsten drei Wochen, danach wieder erlaubt
- Marmelade, Honig oder Nutella für die nächsten drei Wochen, danach wieder erlaubt
- Kuchen, Brioche, Toastbrot (auch Vollkorn nicht), weißes Gebäck und Co (später darf man diese Lebensmittel gerne kombiniert mit dunklem Brot oder Gebäck genießen)

4 bis maximal 6 Stunden nichts essen

Es darf in diesem Zeitrahmen wirklich nichts gegessen werden – kein Kaugummi, kein Zuckerl, kein Bissen Obst. Es ist wichtig, diesen Zeitrahmen einzuhalten. Wir wollen die Insulinausschüttung zwischen den Mahlzeiten vermeiden – Insulin bremst die Fettverbrennung, begünstigt die Fetteinlagerung. Man verbrennt aber nicht mehr Fett, wenn man länger als sechs Stunden nichts isst, im Gegenteil. Der Körper geht dann in den Hungerstoffwechsel und legt Reserven an.

Das Mittagessen

Stellen Sie nicht zu viel auf einmal um. Kochen Sie zuerst so, wie Sie es gewohnt sind, und konzentrieren Sie sich auf die Mengen.

Es ist sehr schwer, eine Anleitung zum selbst Berechnen zu geben, da viele Komponenten mit einbezogen werden müssen, um den für Sie und Ihre Situation maßgeschneiderten Plan zu erstellen. Ich erstelle gerne jederzeit Ihren persönlichen Plan. Wenn Sie nun Ihre Ernährung auch ohne genaue Mengenangaben optimieren möchten, achten Sie darauf, dass Sie immer am meisten von den Kohlenhydratbeilagen essen und weniger Eiweiß (Fleisch, Fisch etc.). Für die von mir errechneten Mengenangaben gilt: Die Küchenwaage hilft Ihnen am Anfang, ein Gefühl für die Mengen zu bekommen. Sie müssen jedoch nicht während der zehn Wochen alles abwiegen. Kontrollieren Sie sich ab und zu. So finden Sie heraus, ob Sie schon gut einteilen können.

Das Mittagessen setzt sich immer zusammen aus: Eiweiß, Fett und vor allem Kohlenhydraten. Diese Mischkostmahlzeit wird mit ein bis zwei Handvoll Gemüse abgerundet. Immer Brot zu Gerichten mit einem hohen Gemüseanteil wie Gemüsestrudel & Co essen!
Man kann zu Mittag auch kalt essen, muss aber auch dann auf die Mengen und die Mischung achten. Chinesisches Essen oder zum Italiener? Warum nicht? Auch dort findet man zum Plan passende Gerichte – Abwechslung ist wirklich wichtig.

fit10© und der Büroalltag – Vorkochen ist die Lösung und macht mit der Zeit sogar Spaß. Ein Stück/eine Handvoll Obst (keine Banane) ist immer erlaubt, klassische Nachspeisen sind in den ersten drei Wochen nicht erlaubt. Betriebsküchen bieten sehr oft gute Menüs, die fit10© entsprechen, ab und zu auch vorkochen ist ebenfalls eine gute Möglichkeit, die mit der Zeit auch Spaß macht.
Ca. 250 bis 350 ml oder mehr trinken (am besten nicht zu kaltes Wasser oder stilles Mineralwasser etc.)

Der Eiweißanteil:

Pro Woche ist viermal Fleisch oder Fisch erlaubt (die Mengen richten sich nach Ihrem persönlichen Plan).

Beispiel Eiweiß

Ein Mann mit 110 kg bei 175 cm Körpergröße könnte 120 bis 130 Gramm Fleisch oder Fisch (gegart) essen. Fehlt dem Gericht Fleisch, Fisch oder Tofu, dann wählt man eine andere Eiweißquelle wie Joghurt, Joghurt natur mit frischen Früchten, Milch, Topfen, Soja oder Ei, um das Mittagessen abzurunden.
Oder eine Vorspeise wie Salat mit Käse
Dreimal in der Woche könnte man statt Fleisch oder Fisch eiweißreiche Produkte wie Hülsenfrüchte (Bohnen, Linsen) oder Soja-Produkte (z.B. Tofu) essen.

Rezept-Tipp:

Tofu kann man sehr gut gemeinsam mit faschiertem Fleisch (Hackfleisch) verarbeiten. So spart man Fleisch und Fett ein. Für faschierten Braten oder Laibchen ersetzen Sie die Hälfte der Fleischmenge durch Tofu. Das schmeckt noch dazu besonders saftig! Das Gleiche gilt auch für die Bolognese-Sauce zu Spaghetti oder Lasagne.

Das sollten Sie weiterhin meiden:

In dieser Phase Fleisch oder Fisch nicht panieren: Die gesättigten Fettsäuren, die in der Panier konzentriert vorkommen, regen den Appetit so richtig an.

Der Kohlenhydratanteil:

Jedes Mittagessen enthält Kohlenhydrate
(die Mengen richten sich nach Ihrem persönlichen Plan).
Reis gekocht
oder
Nudeln gekocht
oder
Couscous, Quinoa, Amaranth, Weizen etc.
oder
Brot bzw. dunkles Gebäck (ab und zu, wenn es schnell gehen muss) oder
Kartoffeln und Brot

Warum Brot zu den Kartoffeln? Kartoffeln sind sehr nahrhaft und wichtig, der Kohlenhydratanteil ist im Verhältnis zu jenem von Reis und Nudeln jedoch niedrig. Außerdem werden die Kohlenhydrate der Kartoffeln viel schneller aufgespalten und gehen daher schneller ins Blut (hoher glykämischer Index), das Brot dient daher als „Puffer“ und „Kohlenhydratspritze“.

Beispiel Kohlenhydrate

Ein Mann mit 110 kg bei 179 cm Körpergröße dürfte ca. 350 bis 380 g Reis oder Nudeln (gekocht) essen.

Das sollten Sie meiden:

In dieser Phase Pommes frites, Kartoffelpuffer, Kartoffelpüree wenn möglich nicht essen, da sie nicht satt, sondern mehr Appetit machen.

Der Gemüseanteil

Achten Sie darauf, dass immer Gemüse auf Ihrem Mittagsteller liegt. Ein bis zwei Handvoll, gekocht oder roh. **Handvoll bedeutet:** Alles, was in eine offene Hand passt.
Essen Sie sich nicht mit Gemüse satt, sondern mit den Kohlenhydratbeilagen. Gemüse bringt

Beispiel Gemüse

1 Handvoll gekochte Gemüsebeilage und
1 Handvoll Salat

wenig Energie, sättigt nur kurzfristig. Außerdem brauchen Sie die Kohlenhydrate, um Fett zu verbrennen. Wenn Sie zu Ihren Kohlenhydrat- und Eiweißmengen mehr als 2 Handvoll Gemüse essen möchten, ist das kein Problem. Jedes Gemüse ist erlaubt. Essen Sie jenes Gemüse, welches Sie vertragen. Sie können Gemüsesorten auch mischen. Oder eine Gemüsesuppe, z.B. als Vorspeise, kochen (siehe Rezept-Teil). Bitte marinieren Sie Ihren Salat. Pflanzliche Öle, vor allem kalt gepresste Öle, enthalten wertvolle Fettsäuren, die die Aufnahme fettlöslicher Vitamine wie z.B. Vitamin A (u.a. in Karotten enthalten) ermöglichen.

Der Fettanteil

Fett ist in vielen Zutaten versteckt enthalten, daher braucht man nicht explizit welches hinzufügen. Gerne kann man etwas Fett zum Anbraten verwenden. Fett ist ein wichtiger Geschmacksträger. Daher hat es keinen Sinn, Fett komplett wegzulassen, denn das Essen sollte auf jeden Fall auch schmecken.

Sie sollten in der ersten Phase eher nichts Paniertes oder Frittiertes essen. Untersuchungen haben gezeigt, dass diese Fette den Appetit ankurbeln. Und warum sich das Leben schwerer machen als nötig?

Gesättigte Fette (sind hauptsächlich in tierischen Lebensmitteln enthalten) verringern das Sättigungsgefühl und steigern den Appetit. Daher aufpassen bei Nachspeisen, die tierische Fette wie Schlagsahne, Butter und Co enthalten. Bei Salatmarinaden sollte man darauf achten, hochwertige Fette, wie kalt gepresstes Oliven-, Raps- oder Kürbiskernöl, aber auch andere, zu verwenden.

Jede Sorte pflanzliches Öl hat verschiedene Fettsäuren. Abwechslung ist daher günstig, um das breite Spektrum an Fettsäuren nutzen zu können. Maiskeimöl ist das einzige pflanzliche Öl, welches keine besonders günstigen Eigenschaften hat.

4 bis maximal 6 Stunden nichts essen

Bei unüberwindbarem Heißhunger zwischendurch 2 bis 3 Nüsse (Walnüsse, Cashewnüsse, Mandeln) bzw. Kürbis- oder Sonnenblumenkerne essen. In dieser Pause ca. 500 bis 700 ml Wasser, stilles Mineralwasser, ungesüßte Tees (keine zu süßen Früchtetees) trinken. Erlaubt ist Kaffee, auch mit wenig Milch, aber ungezuckert, und diesmal auch wenn möglich ohne Süßstoff.

Das Abendessen

Das Abendessen setzt sich in den ersten drei Wochen so zusammen: Eiweiß und Fett (oft versteckt in Käse und Co, manchmal auch sichtbar in Form einer Salatmarinade), dazu wenig Gemüse und Kohlenhydrate. Am Abend ist keine große Kohlenhydratmenge mehr vonnöten, auch eine lange Sättigung spielt keine große Rolle mehr.

So könnte Ihr Abendessen aussehen:

1 bis 2 Scheiben Brot (ausschließlich dunkel – siehe Frühstück) oder
3 Kartoffeln, eigroß, kein Brot dazu

Schinken bzw. mageres Fleisch
oder
Hüttenkäse bzw. Käse
oder
Topfenaufstrich
oder
Thunfisch natur bzw. Fisch
oder
Mozzarella light
oder
Tofu (auch geräucherter)
oder
Ei
oder
Eiweiß aus anderer Quelle (z.B. Milchprodukte)
1 bis 2 Handvoll Rohkost
oder
gekochtes Gemüse
oder
Salat, je nach Verträglichkeit roh
oder gekocht

Die Mengen werden individuell berechnet.

Trinken Sie wieder 250 bis 500 ml Wasser oder stilles Mineralwasser.

Das sollten Sie abends meiden:

Obst
Knabbereien
Trockenfrüchte
Süßigkeiten
Alkohol

Woche 4 bis 7

Herzlichen Glückwunsch! Sie haben den Einstieg erfolgreich hinter sich gebracht. Jetzt geht es weiter. Sie werden sehen, die Kilos werden weiterhin purzeln. In den Wochen vier bis sieben ändert sich einiges. Nicht nur Ihr Körper, auch der Speiseplan bekommt neuen Schwung.

Es geht weiter

Der Einstieg ist geschafft, ein großer Meilenstein ist erreicht, denn Ihr Körper hat sich nun an die drei Mahlzeiten gewöhnt und durch die regelmäßigen Bewegungseinheiten an Fitness gewonnen. Die Mitte von fit10© ist etwas verändert, es wird zum Teil härter, zum Teil aber auch leichter.

Mittlerweile hat sich Ihr Köper an den neuen Ernährungsplan gewöhnt, sich den Zucker abgewöhnt. Durch die wenige, aber regelmäßige Bewegung wurden Ihre Muskeln gestärkt und trainiert, sodass Ihr Körper nichts an Muskelmasse verloren hat, nur Fett. Und das ist es ja, was wir wollen: Fett verlieren. Und wenn Sie sich weiterhin so genau an die vorgegebenen Mengen halten bzw. sich an fit10© orientieren, dann wird es weiter schmelzen.

Atmen Sie durch und halten Sie sich vor Augen: Das Ziel ist bald erreicht. Schon in wenigen Wochen haben Sie Ihr Wunschgewicht wieder zurück bzw. die erste Etappe dorthin erreicht.

Motivation

Falls Sie Probleme haben, sich zu motivieren, hier ein Tipp: Kramen Sie ein Foto von sich hervor, auf welchem Sie genau so aussehen, wie Sie es sich wünschen. Befestigen Sie dieses Bild an Ihrem Kühlschrank oder Badezimmerspiegel – es sollte ein Platz sein, den Sie jeden Tag mehrmals anschauen. So haben Sie Ihr Ziel stets vor Augen und können sich gedanklich auf die neue Daseinsform vorbereiten. Sie wissen ja: Gedanken folgen Worte, Worten folgen Taten. So manifestieren Sie das Schlanksein jeden Tag aufs Neue.

Die Belohnung

Jetzt dürfen Sie sich etwas ausdenken, womit Sie sich für Ihr Durchhaltevermögen belohnen. Was könnte Ihnen Freude bereiten? Es soll das Durchhalten des erlernten Verhaltens belohnt werden, nicht die Gewichtsabnahme. Also am besten nicht mit Essen belohnen. Wie wäre es mit Blumen, einer neuen CD mit schöner Musik, einem Konzertbesuch? Vielleicht haben Sie ja auch Lust auf einen neuen Haarschnitt, ein neues T-Shirt oder Sie gehen mit Ihren Freunden ins Kino!

Schreiben Sie Ihre Belohnung auf. Notieren Sie Ihr Geschenk in Ihrem fit10©-Notizbuch.

Das ändert sich

Nun gibt es Veränderungen, um die Fettverbrennung weiterhin anzukurbeln.

- Ab sofort legen Sie einmal in der Woche einen Obst- und/oder Gemüsetag ein! Wenn möglich, den Obst-/Gemüsetag immer am gleichen Wochentag halten; es ist aber nicht weiter tragisch, wenn Sie ihn einmal verschieben.
- Sie lassen in diesen vier Wochen am Abend die Kohlenhydrate weg!
- Und: Ab sofort ist nach dem Mittagessen eine Nachspeise erlaubt!

Trinken, trinken, trinken

Am besten halten Sie sich an Leitungswasser, stilles Mineralwasser, ungesüßte Tees und/oder Kaffee, ungezuckert, diesmal auch ohne Süßstoff.

Der Obst-/Gemüsetag

- An diesem Tag essen wir fünf Mahlzeiten am Tag (im 2–3-Stunden-Rhythmus).
- Sie können Obst und Gemüse an diesen Tagen gerne auch mischen.
  Das Gemüse darf auch gekocht, gebraten und vor allem gewürzt werden.
  Seien Sie kreativ, es gibt sehr viele verschiedene Arten, Gemüse schmackhaft zuzubereiten.
- Am Obst-/Gemüsetag dürfen Sie auch eine Banane zum Frühstück essen.
- Am Obst-/Gemüsetag dürfen Sie Kaffee sogar mit wenig Milch trinken (kein Caffè Latte)

So sieht der Obst-/Gemüsetag aus:

- **Frühstück:** 2 Handvoll Obst oder Gemüse
- **Jause:** 2 Handvoll Obst oder Gemüse
- **Mittags:** 2 Handvoll Obst oder Gemüse (auch gekocht!)
- **Jause:** 1 Handvoll Obst oder Gemüse
- **Abends:** 1 Handvoll Gemüse gekocht
- Bitte denken Sie daran: viel trinken
- An diesem Tag machen Sie keinen Sport!

So schaffen Sie den Obst-/Gemüsetag

Fällt Ihnen dieser Tag besonders schwer, dann entschärfen Sie ihn, indem Sie ein normales Frühstück (wie gelernt) zu sich nehmen. Und am Vormittag dann den Obst-/Gemüsetag fortsetzen. Sie werden an diesem Tag einen verstärkten Harndrang spüren. Bitte viel trinken. Bei hohem Übergewicht ist wöchentliches Entwässern in dieser Phase auch günstig.

Das Frühstück

Der Unterschied zu Teil eins: Wir nehmen im zweiten Teil das Frühstück an sechs Tagen ein, der siebente Tag ist der Obst-/Gemüsetag.

Neu:

- Nun ist auch dunkles Gebäck erlaubt. Ein Kornspitz oder Ähnliches
  darf jetzt auch auf den Frühstücksteller kommen.
- Ab sofort dürfen Sie wieder Streichfett (Butter oder Margarine) in geringen Mengen essen.
- Auch Marmelade und Honig sind in geringen Mengen wieder erlaubt.
- Sollten Sie einmal keine Lust auf Brot und Gebäck haben, dürfen Sie jetzt auch
  Müsli mit Obst und Milch oder Joghurt essen, wie es Ihnen beliebt. Ein Rezept
  für ein selbst gemachtes fit-10-Müsli finden Sie im letzten Kapitel Rezepte (ab Seite 86).

Das sollten Sie weiterhin meiden:

Kuchen, Brioche, Toastbrot (auch Vollkorn), Semmeln & Co. Falls Sie es dennoch genießen möchten, dann bitte nur in Kombination mit einer Scheibe dunklem Brot oder dunklem Gebäck. Ansonsten wird das Frühstück wie im ersten Teil zusammengestellt.

Beispiel Frühstück

- Brot oder dunkles Gebäck mit Topfenaufstrich oder Butter, pro Scheibe 1 Blatt Schinken oder Käse (max. 30 % Fett), 1 Handvoll Rohkost oder 1 Stück Obst (keine Banane).
- 1 Tasse Kaffee oder Tee (jeweils ohne Zucker, etwas Süßstoff ist erlaubt)
- Trinken Sie immer 250 ml oder mehr Wasser zusätzlich. Trinken Sie lauwarmes Wasser, das schont den Magen.

4 bis maximal 6 Stunden nichts essen

Gleich wie in Teil eins. Auch hier gilt: keinen Kaugummi, kein Zuckerl, kein Obst. Aber viel trinken. Bei unüberwindbaren Heißhungerattacken: zwischendurch 2 bis 3 Nüsse essen.

Das Mittagessen

Gleich wie in Teil eins. Diese Mahlzeit ändert sich bis zum Schluss nicht. Aber ab sofort dürfen Sie unmittelbar nach dem Mittagessen wieder eine Nachspeise essen.

Das kann sein:

1 Stück Kuchen (selbst gebacken, siehe Rezepte ab Seite 86)
oder
1 kleines Stück Schokolade (ca. 25 g)
oder
2 Kugeln Fruchteis
oder
Obstsalat mit Joghurt usw.

- Ketchup ist ab und zu wieder erlaubt
- Keine üppigen Saucen
- Nur Essig und Öl für Salate
- Immer einen Salat und/oder Gemüse essen
- Auf die Menge achten
- Sie sollten selten zu Pommes frites oder Kartoffelpuffern greifen, ab und zu sind sie jedoch erlaubt. Kartoffelpüree ist erlaubt.
- Selten, aber doch ein Wiener Schnitzel – warum nicht?
- Bei Gerichten mit großem Gemüseanteil wie Gemüsestrudel immer Brot dazu essen.
- Sie dürfen wieder naschen.
- Ca. 250 bis 350 ml trinken (Wasser, stilles Mineralwasser)

Wichtig: Seien Sie nicht zu streng mit sich, verzichten Sie nicht mit Gewalt auf Süßigkeiten. Das muss nicht sein. Besser Sie gönnen sich ab und zu einen Nachtisch, als Sie stürzen sich nach den zehn Wochen fit10© auf eine Riesentafel Schokolade.

4 bis maximal 6 Stunden nichts essen

Viel trinken. Bei unüberwindbaren Heißhungerattacken: zwischendurch 2 bis 3 Nüsse essen.

Das Abendessen – ohne Kohlenhydrate

Jetzt wird's brenzlig. Gestärkt und motiviert sind wir an die Sache herangegangen, hier, in der Mitte, könnte es noch einmal anstrengend und hart werden. Aber keine Sorge: Sie schaffen das! Denken Sie an Ihre Gedanken-Motivation und legen Sie los.

Es hat sehr viel Sinn, den Körper immer wieder aufs Neue zu reizen (physiologische Bedeutung). Wenn man nun die Kohlenhydrate weglässt, kann man die Fettverbrennung besser mobilisieren.

Es wäre sehr schlecht, wenn man am Abend gar nichts mehr isst. Sehr viele Klienten erzählen, dass sie eigentlich am Abend nicht mehr ans Essen denken. Aber es ist auch am Abend wichtig, noch etwas zu essen, vor allem Eiweiß. In der Nacht haben wir auch noch einen Bedarf an Energie, und wenn man auf eine gute Versorgung am Ende des Tages achtet, kann sich der Körper einerseits gut erholen und andererseits werden die Muskelzellen vor dem Abbau geschützt.

Das Abendessen in den nächsten vier Wochen:

Eiweiß, Fett (versteckt in Käse und Co oder sichtbar in Salatmarinade usw.) und Gemüse.
Ab sofort gibt es keine Kohlenhydrate zum Abendessen, dafür wird die Eiweiß-Menge erhöht.

Schinken, mageres Fleisch
z.B. Hühnerfilet auf Blattsalat mit Joghurtdressing
oder
Hüttenkäse, Käse, Schafskäse usw., alle mager,
z.B. Mozzarella light mit Tomaten
oder
Topfenaufstrich mager
oder
Thunfisch natur
oder
Fisch in Folie gegart, mit Gemüse
oder
Tofu
z.B. Tofu mit Gemüse, in einer Teflonpfanne gebraten, mit Sojasauce aufgegossen,
oder
Gemüsesuppe (siehe auch Rezepte-Teil), dazu 1 Glas Milch oder Joghurt
oder
Griechischer Bauernsalat
oder
Milch, 1,5 % Fett oder Sojamilch
oder
Joghurt mager
oder
1 Ei

Das ist nicht erlaubt:

- Obst (wegen des Fruchtzuckers; kann ebenfalls eine Insulinfreisetzung bewirken und den Appetit ankurbeln)
- Knabbereien
- Trockenfrüchte
- Süßigkeiten

Auch hier gilt: Trinken nicht vergessen!

Lisbeth

Lisbeth ist 34 Jahre alt, Mutter eines 2-jährigen Mädchens und berufstätig (Bürotätigkeit). Sie lebt den durchschnittlichen Alltag einer berufstätigen Mutter.

Lisbeth hatte am Starttag 80,4 kg bei einer Körpergröße von 165 cm.

Nach den Ergebnissen der Bio-Impedanz-Analyse (Messung der Körperzusammensetzung) und einer allgemeinen Anamnese wurden die Portionen ihres persönlichen fit10©-Plans errechnet

Verlaufsmessung

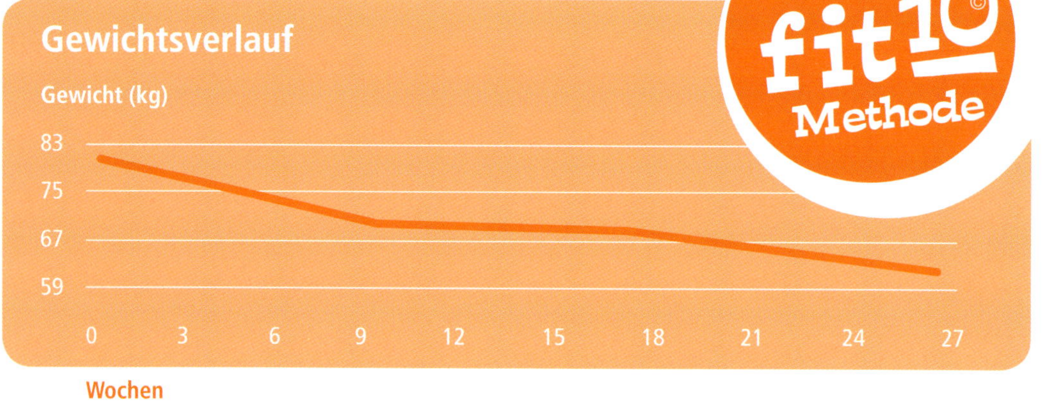

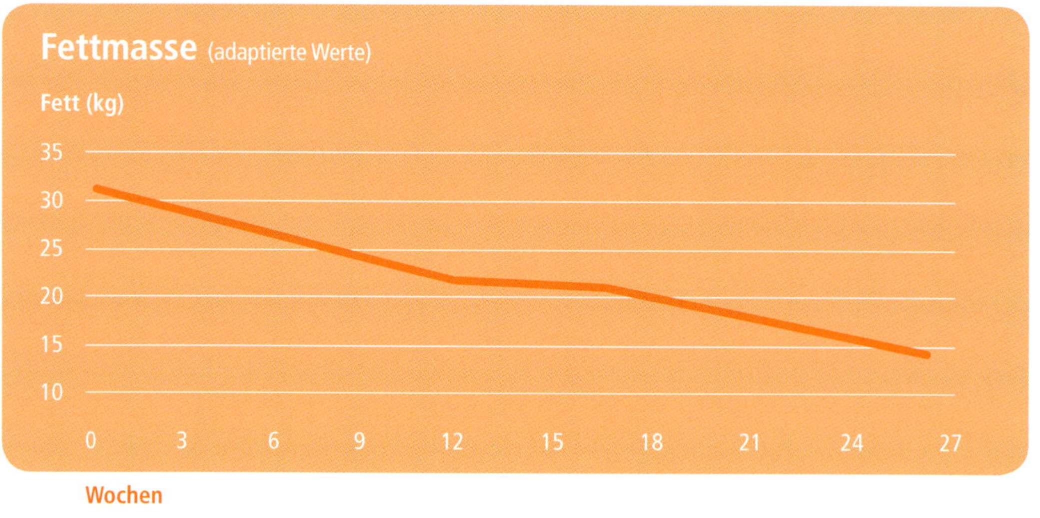

Frühstück

Beispiele:

Teil 1 (Woche 1 bis 3)
2 Scheiben Brot mit Tomate und Schinken

Teil 2 (Woche 4 bis 7)
65 g Müsli (Haferflocken und anderes Getreide, geschrotet)
PLUS
Milch und
Obst

Teil 3 (Woche 8 bis 10)
1 Kürbiskernweckerl mit Topfenaufstrich
1 Apfel

Mittagessen

Beispiele:

Teil 1 (Woche 1 bis 3)
240 g Reis gekocht
PLUS
90 g Schweinsschnitzel (gedünstet)
PLUS
Bratensaft
PLUS
gekochtes Gemüse
PLUS
Salat

Teil 2 (Woche 4 bis 7)
Woknudeln mit Gemüse und Tofu
(230 g Woknudeln, 2 Handvoll Gemüse angebraten und 120 g Tofu)
Nachtisch: 1 kleiner Schokoriegel (35 g)

Teil 3 (Woche 8 bis 10)
230 g Couscous mit Sojasprossen,
Tomaten und Zucchini
Nachtisch: 1 Joghurt, mager,
PLUS
1 Handvoll Beeren

Abendessen

Beispiele:

Teil 1 (Woche 1 bis 3)
3 Kartoffeln
PLUS
1 Glas Milch (250 ml)

Teil 2 (Woche 4 bis 7)
Rührei (aus 2 Eiern) mit Zwiebel
und Gemüse

Teil 3 (Woche 8 bis 10)
1 Schöpfer Reis mit Erbsen und
60 g Hühnerfleisch (gekocht oder gegrillt)

Dinner light: z. B. 120 g Hüttenkäse

Die angegebenen Portionsgrößen sind für Lisbeth bemessen – die für Sie passenden erfahren Sie in Ihrer persönlichen fit10©-Beratung.

Verlauf

Lisbeth hat von 80,4 kg auf 62,2 kg Körpergewicht abgenommen. Den Fettwert reduzierte sie von 31 kg auf 15 kg; Wasserverlust von 36,2 kg auf 33,7 kg. Die insgesamt 16 kg Verlust an Körperfett hat Lisbeth in zwei Runden fit10© geschafft.

Startgewicht: 80,4 kg
Endgewicht: 62,2 kg
Start Fettwert: 31 kg
Ende Fettwert: 15 kg
Wasserverlust: ca. 2,5 kg

Kommentar

Mag. Christina Lachkovics-Budschedl:
Lisbeth hat mir nach ihrem Erfolg gesagt, sie hätte nie gedacht, dass man nach einer Schwangerschaft doch so gut abnehmen kann. Umso schöner, dass es ihr so toll und einfach geglückt ist. Sie erschien mir deshalb ein gutes Beispiel für viele Frauen in ähnlicher Situation zu sein.

Lisbeth erwartet mittlerweile ihr zweites Kind und ich bin sicher, sie wird nach Schwangerschaft und Stillzeit problemlos wieder zu ihrem Gewicht zurückkehren. Selbst während der Schwangerschaft kann sie gewisse einfache Ernährungsregeln beibehalten, die auch für das ungeborene Kind von Vorteil sind: ausgewogene Mahlzeiten, ausreichend Obst und Gemüse, Naschen als Nachtisch.

Während einer Schwangerschaft sollte man auf keinen Fall abnehmen, das wäre sehr ungünstig für das Ungeborene. Im Körperfett sind Giftstoffe gespeichert: Diese werden beim Fettabbau in den Blutkreislauf freigesetzt und gelangen so auch zum Fötus.

Eine Gewichtsreduktion unmittelbar nach einer Geburt wäre auch nicht wünschenswert, da sie erstens zu viel Stress für den Körper der Mutter bedeutet und zweitens die Milchproduktion reduziert. Selbst wenn man nicht stillen möchte oder kann, so braucht der Körper sechs bis neun Monate Zeit, bis er sich regeneriert hat. Erst danach ist eine gezielte Gewichtsabnahme sinnvoll und möglich.

Lisbeth:

»Während meiner Schwangerschaft gewöhnte ich mir an, täglich sehr große Portionen und mehrere Mahlzeiten zu essen. Diese Essensgewohnheiten konnte ich nach der Geburt meiner Tochter nicht mehr ablegen. Die Folge war, dass ich nach der Geburt nicht ab-, sondern noch mehr zunahm – bis ich mit fit10© startete und mich an einen Plan halten musste. Natürlich waren die ersten zwei Wochen wegen meines ständigen Hungergefühls eine große Herausforderung. Doch danach stellte sich mein Körper auf die neuen Essensgewohnheiten gut ein und auch mein ständiger Hunger war weg. Die empfohlenen sportlichen Übungen konnte ich optimal in meinen Alltag (Beruf und Kind) einbauen. Das alles führte dazu, dass meine Kilos nur so purzelten und ich mich immer wohler in meiner Haut fühlte. Ich war wirklich überrascht, dass ich nach zwei fit10-Durchläufen insgesamt 18 Kilo verloren habe – ich dachte nämlich, dass man Schwangerschaftskilos nicht mehr abnehmen kann.«

Woche 8 bis 10

In diesen letzten drei Wochen ist noch eine ordentliche Portion an Gewichtsabnahme möglich. Außerdem kann die Fitness noch einmal verbessert werden. (Wie viel Sport Sie in der Woche machen sollten, lesen Sie bitte im Kapitel „Bewegung“ nach.)

Bravo! Sie haben sieben erfolgreiche Wochen hinter sich gebracht, die Waage wird Sie zusehends fröhlicher stimmen. Sieben lange Wochen liegen bereits hinter Ihnen. Nun sollten Sie sich noch einmal gestärkt für das Finale fühlen. Halten Sie durch, denn in diesen letzten drei Wochen geben wir noch einmal richtig Gas bei der Fettverbrennung.
Der Countdown läuft. Diese letzten 21 Tage verlaufen ganz ähnlich wie die vergangenen vier Wochen, es gibt eine neue Zusatzaufgabe und eine kleine Abänderung.

Bitte halten Sie sich auch in den letzten Wochen exakt an die Mengenvorgaben und den Bewegungsplan.

Falls Sie bereits alle drei Joker verbraucht haben und jetzt denken: „Damit ich noch viel Fett verliere, esse ich halt in den letzten drei Wochen noch weniger“, wäre das sehr ungünstig für die Entwicklung Ihres Körpers und Ihres Stoffwechsels. Halten Sie sich weiterhin an die vorgeschriebenen Mengen.

Das ändert sich im letzten Abschnitt

Beim Abendessen gibt es einmal pro Woche wieder Kohlenhydrate.

Ein „Dinner light", ein leichtes Eiweiß-Abendessen pro Woche. Das bedeutet: Sie essen keine Kohlenhydrate, kein Obst und Gemüse, nur leichtes Eiweiß wie Joghurt.

Dinner light

So sieht Ihr Dinner-light-Tag aus: Frühstück und Mittagessen bleiben unverändert, die Pausen bleiben gleich. Das Abendessen besteht aus „leichtem" Eiweiß, also ausschließlich mageres Joghurt ohne Frucht, Milch mit 1,5 % Fett oder Buttermilch ohne Frucht oder Hüttenkäse, diesmal ohne Gemüse, essen.

Und dann heißt es durchhalten. Motivieren kann man sich mit verschiedenen Strategien, wie Autosuggestion oder bestimmte Sätze sprechen und dabei an die Meridianpunkte klopfen … An diesem Abend sollten Sie keinen Sport betreiben, sondern sich entspannen (wenn es Ihnen irgendwie möglich ist). Den Abend mit einem heißen Bad, einer angenehmen Massage, auf der Couch oder im Bett mit Ihrer Lieblingsmusik oder einem guten Buch ausklingen lassen. Erklärung: Ein entspannter Abend und nur Eiweiß im Bauch ermöglichen einen idealen Erholungszustand in der Nacht. Ihr Magen-Darm-Trakt hat sehr wenig zu tun, außer vielleicht zu knurren.

Das Eiweiß hilft, das wichtige Wachstumshormon Somatotropin zu bilden, das auch die Fettverbrennung während des Schlafens unterstützt. Die Somatotropin-Produktion nimmt im Erwachsenenalter ab, da wir ja nicht mehr wachsen; für die Zellerneuerung brauchen wir es aber weiterhin. Dinner light hat also auch eine Anti-Aging-Wirkung. Das sind tolle Effekte, die man allerdings nicht täglich herbeiführen kann. Ein tägliches Dinner light verliert seinen Reiz, vor allem ist ein entspannter Abend täglich im Alltag sehr unwahrscheinlich, daher bleibt auch die Effizienz aus.

Haben Sie einen einzigen Tag mit Dinner light durchgehalten, so werden Sie am nächsten Tag einen enormen Energieschub erleben. Freude und Stolz werden Sie durchfluten und Ihr Selbstbewusstsein wird wachsen. Ich verspreche Ihnen, so wohl haben Sie sich schon ewig nicht gefühlt.

Nicht vergessen: viel trinken. Vorzugsweise Wasser oder ungesüßten Tee oder stilles Mineralwasser.

Das Frühstück

Das Frühstück bleibt gleich wie im zweiten Teil. Warum etwas verändern, wenn es so gut funktioniert?

- An sechs Wochentagen (ohne Ausnahme) gibt es Frühstück.
- Der siebente Wochentag ist ein Obst-/Gemüsetag.
- Zum Frühstück gibt es dunkles Brot oder dunkles Gebäck, auch Müsli.
- Streichfett ist in geringen Mengen erlaubt.
- Marmelade oder Honig sind in geringen Mengen erlaubt.

4 bis maximal 6 Stunden nichts essen

Nach wie vor zwischendurch nicht naschen, damit es nicht zu einer Insulinfreisetzung kommt, welche zu einer Bremsung der Fettverbrennung führt.
Viel trinken. Bei unüberwindbaren Heißhungerattacken: zwischendurch 2 bis 3 Nüsse essen.

Das Mittagessen

- Wie in Teil eins und zwei.
- Unmittelbar nach dem Mittagessen darf eine Kleinigkeit genascht werden.
- Nachspeisen sind drei- bis viermal pro Woche erlaubt.

4 bis maximal 6 Stunden nichts essen

Nach wie vor zwischendurch nicht naschen, aber viel trinken. Bei unüberwindbaren Heißhungerattacken: zwischendurch 2 bis 3 Nüsse essen.

Das Abendessen

An sechs Wochentagen gibt es keine Kohlenhydrate.

Das Abendessen in den nächsten drei Wochen:

Eiweiß und Gemüse wie gehabt.
Fett (versteckt bzw. wenig)
plus 1 x pro Woche
Brot bzw. Gebäck
oder
Kartoffeln, gekocht
oder
Reis bzw. Nudeln, gekocht

Hier einige Beispiele:

Schinken, mageres Fleisch z.B. Hühnerbrust
oder
Fisch
oder
Topfenaufstrich, Hüttenkäse, Mozzarella light
oder
Milch 1,5 %
oder
Joghurt mager
oder
Thunfisch natur
oder
Ei
oder
alle Soja-Produkte
oder
andere Eiweiß-Quellen

1 bis 2 Handvoll Rohkost oder gekochtes Gemüse

1 x pro Woche
Brot bzw. Gebäck
oder
Kartoffeln, gekocht
oder
Reis bzw. Nudeln, gekocht

Das ist nicht erlaubt:

- Obst
- Knabbereien
- Trockenfrüchte
- Süßigkeiten

Trinken nicht vergessen!

Noch drei bis vier Wochen bewusst essen

Drei Mahlzeiten bleiben

Nachdem Sie fit10© erfolgreich abgeschlossen haben, werden Sie sehen, dass Sie sich eigentlich gar nicht mehr so viel anders ernähren möchten. Sie werden an den drei Mahlzeiten pro Tag so richtig Gefallen gefunden haben, und das ist gut so. Denn in den nächsten drei bis vier Wochen achten wir noch auf die Mengen und Esszeiten.

- Frühstück und Mittagessen bleiben gleich wie im letzten Teil des Plans.
- Der Obst- und Gemüsetag fällt weg, jedoch darf ihn jeder, wann immer er es für notwendig hält, wieder einhalten. Das schadet auf keinen Fall, im Gegenteil. Hat man am Tag zuvor etwas zu viel gegessen, kann man das mit einem Obst-/Gemüsetag sehr leicht wieder ausgleichen.
- Am Abend sind an drei bis vier Tagen auch Kohlenhydrate erlaubt. Bauen Sie Ihre Kohlenhydrat-Abendmahlzeit langsam wieder auf. Und: Einmal in der Woche sollten Sie noch ein Dinner light essen.

Nach diesen drei bis vier Wochen kann man wieder flexibler werden. Dann sind auch wieder ab und zu Kuchen zum Kaffee am Nachmittag erlaubt oder einmal weißes Gebäck zum Frühstück. Aber Achtung: Frühstück und Mittagessen sollten als Hauptmahlzeiten so beibehalten werden, damit man nicht wieder in ein altes, falsches Ernährungsverhalten zurückfällt.

Noch mehr Fett verlieren

Wer nach den 10 Wochen meint, er hätte noch zu wenig abgenommen, und noch ein paar Kilos loswerden möchte, der beginnt einfach wieder von vorne.

Besser essen mit fit10© ohne abzunehmen

Sollten Sie der Meinung sein, dass Ihre Figur passt und Sie eigentlich nicht mehr weiter abnehmen, sondern sich einfach nur bewusst und gesund ernähren möchten, dann können Sie sich natürlich an die fit10©-Methode halten. Auch für Sie wird der optimale Bedarf an Kohlenhydraten und auch Eiweiß berechnet. Der Unterschied: Sie brauchen abends niemals auf die Beilagen zu verzichten, keinen Obst-/Gemüsetag einzulegen oder ein Dinner light essen.

Fallbeispiel

Elisabeth

Elisabeth ist 54 Jahre alt, sie ist Stadtgärtnerin (starke körperliche Arbeit). Sie kümmert sich außerdem täglich intensiv um ihren Vater, der als Pflegefall bei ihr zu Hause lebt. Sie lebt einen sehr energieraubenden Alltag.

Elisabeth hatte am Starttag 82,9 kg bei einer Körpergröße von 165 cm.

Nach den Ergebnissen der Bio-Impedanz-Analyse (Messung der Körperzusammensetzung) und einer allgemeinen Anamnese wurden die Portionen ihres persönlichen fit10©-Plans errechnet.

Nach der fit10 Methode

Verlaufsmessung

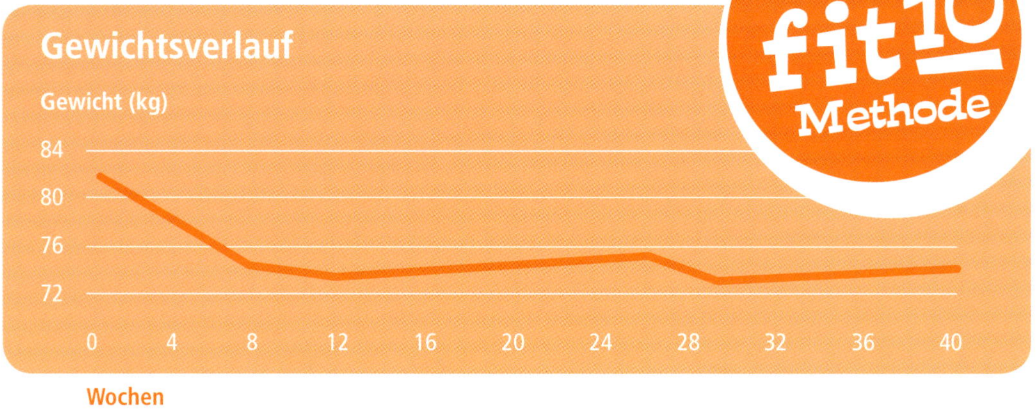

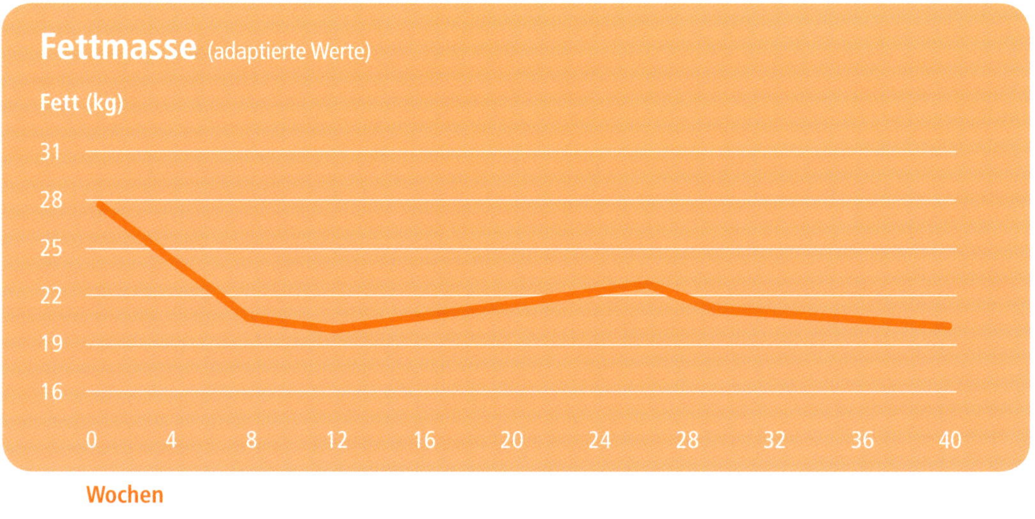

Frühstück

Beispiele:

Teil 1 (Woche 1 bis 3)
2 bis 3 Scheiben Brot mit Käse (30 %)
PLUS
Gemüse
Kaffee

Teil 2 (Woche 4 bis 7)
eineinhalb Stück dunkles Gebäck
mit Belag nach Wahl
Kaffee
Obst

Teil 3 (Woche 8 bis 10)
2 bis 3 Scheiben Brot
PLUS
Schinken
Kaffee

Mittagessen

Beispiele:

Teil 1 (Woche 1 bis 3)
250 g Nockerl (Spätzle) mit
Paprikahuhn (aus 100 g gekochtem
Fleisch in Sauce)
PLUS
Salat
(Das Gericht kann nach dem üblichen Rezept
zubereitet werden, auch mit Sauerrahm.)

Teil 2 (Woche 4 bis 7)
Schwammerlsauce mit Semmelknödel
(normale Portion)
Nachtisch: 250 g Buttermilch

Teil 3 (Woche 8 bis 10)
Brathuhn (100 g) mit 230 g Reis
(gekocht gewogen)
PLUS
Salat
Ab Teil 2 ist auch Nachtisch erlaubt:
z.B. 1 Reihe Schokolade (ca. 20 g)

Abendessen

Beispiele:

Teil 1 (Woche 1 bis 3)
40 g Brot
PLUS
60 g Thunfisch
PLUS
1 Handvoll Rohkost

Teil 2 (Woche 4 bis 7)
50 g Schinken
PLUS
50 g Hüttenkäse
PLUS
2 Handvoll Rohkost

Teil 3 (Woche 8 bis 10)
Griechischer Bauernsalat mit 70 g Schafskäse
1 Stück Brot (40 g)
Dinner light: z.B. 120 g Hüttenkäse

Die angegebenen Portionsgrößen sind für Elisabeth bemessen – die für Sie passenden erfahren Sie in Ihrer persönlichen fit10©-Beratung.

Verlauf

Elisabeth hat bereits nach den ersten 4 Wochen 4 kg Körperfett verloren, obwohl sie tatsächlich um einiges mehr gegessen hat als vorher. In den weiteren Wochen schaffte sie eine gesamte Fettabnahme von 8 kg und 1 Liter Wasser.

Startgewicht: 82,9 kg
Endgewicht: 73,3 kg
Start Fettwert: 28,2 kg
Ende Fettwert: 20,4 kg
Wasserverlust: ca. 2 kg

Kommentar

Mag. Christina Lachkovics-Budschedl:
Elisabeth habe ich als Beispiel für all jene Frauen in das Buch aufgenommen, die denken, wenn man im Wechsel ist, dann kann man einfach nicht mehr abnehmen. Die Menopause ist aber nicht immer der Grund für eine stagnierende Gewichtsabnahme. Oft sind es andere Faktoren, die dazu beitragen, dass es für Frauen im Wechsel so schwer ist, abzunehmen.

Elisabeth hat bis zu unserem Treffen sehr viel probiert und nichts erreicht. Für sie war klar: Es ist das Alter, es ist der Wechsel! Doch in Wirklichkeit ist es ganz anders. So paradox es klingt: Elisabeth hat für das, was sie leistet, viel zu wenig gegessen. Und zusätzlich hat sie auch noch versucht, am Hometrainer Kilos zu verlieren.

Nun ist alles anders. Sie isst ausreichend, fühlt sich wohl und vital und vor allem hat sie sehr gut abgenommen. Und nicht nur das, sie hält ihr Gewicht problemlos und möchte nun noch einmal fit10© starten, um erneut das eine oder andere Kilo zu verlieren. Selbst über Weihnachten und eine sehr stressreiche Zeit mit ihrem pflegebedürftigen Vater hat sie nicht zugenommen, da sie in den 10 Wochen ihren fit10©-Plan verinnerlicht hat. Sie weiß einfach bewusst und unbewusst, worauf sie aufpassen muss.

Elisabeth ist seit fit10© viel fitter und ausgeglichener. Sie schafft ihre vielen Aufgaben leichter, da sie besser versorgt ist. Und: Der Stress mit dem Gewicht ist weg. Wie frustrierend war es früher, als sie fast nichts gegessen und trotzdem zugenommen hat. Heute ernährt sie sich viel besser, es ist auch einfacher, normal zu essen, macht Freude, das Gewicht zu halten bzw. sogar abzunehmen.

Kommentar zum Thema Menopause und Gewicht

Mag. Christina Lachkovics-Budschedl:
Die Menopause ist eine Veränderung, die allgemein als sehr unangenehm empfunden wird: Schweißausbrüche, Wallungen, Depressionen. Der Hormonhaushalt verändert sich, das kann sich bei manchen Frauen auch auf ihr Gewicht auswirken. Aber nicht immer sind die Hormone alleine schuld.

Dies möchte ich anhand eines Beispiels veranschaulichen:
Eine ca. 30 Jahre alte Frau kümmert sich um zwei Kinder, den Haushalt, ist vielleicht außerdem noch berufstätig. Sie hat sehr viel zu tun, möchte gleichzeitig auch die Idealfigur bewahren oder bekommen. Deshalb beginnt sie, immer wieder Fastentage oder sogar Fastenwochen einzulegen, bzw. lässt sie Mahlzeiten aus, reduziert zwischendurch ihre Nahrungsaufnahme auf Gemüse, Obst, Joghurt. Sie versucht auch noch Sport einzuplanen, ist damit jedoch stets unter Druck, im Stress, da wenig Zeit dafür zur Verfügung steht. Anstatt den Stoffwechsel anzuheizen und vor allem ihrem Körper das zu geben, was er braucht, bremst sie den Stoffwechsel, und der Körper verändert sich.

10 Jahre später, mit 40 Jahren, bekommt sie Panik, da sie in den letzten 10 Jahren trotz gut gemeinter (jedoch falscher) Maßnahmen zu viel Körperfett angesammtelt hat. Ihre Figur hat sich negativ verändert. Der Teufelskreis geht weiter, denn erneut reduziert sie Mahlzeiten, betreibt forciert Sport, mit dem Resultat, dass sie immer wieder „schwach" wird, der Heißhunger sie umfallen lässt.

Nun ist sie 50 Jahre geworden, die Kinder sind aus dem Haus, der tägliche Stress hat nachgelassen (kleine Kinder machen doch mehr Arbeit als große), Genuss rückt in den Mittelpunkt des Lebens, der Wechsel setzt ein. Und nun wird die Schuld an einer Gewichtszunahme dem Wechsel zugesprochen, wobei die vielen Ernährungs- und Diätsünden im bisherigen Leben die Hauptschuld treffen.

Falsche Ernährungsgewohnheiten in besonders aktiven Zeiten.
Ab dem 30. Lebensjahr beginnt der natürlich Abbau von Muskeln, Knochen usw., wenn man nicht sinnvoll dagegensteuert. Sinnvolle Bewegung und angemessene Ernährung können helfen, den Muskelanteil zu halten bzw. zu verbessern – Schlagwort „Antiaging".
Viele Alltagstätigkeiten, die einem nicht mehr bewusst waren, fallen mit der Zeit weg: die Kinder in die Schule, zum Training bringen, Ausflüge mit den Kindern, die Hausarbeit, also regelmäßig kochen, einkaufen usw.

Nicht zu unterschätzen ist auch die Entwicklung zum Genussmenschen: Ab und zu ein Glas Wein zum guten Essen war mit 30 vielleicht weniger interessant als mit 50.

Nach der fit 10© Methode

fit10©-Rezepte

Was soll ich heute kochen? Wenn man sich besser, gesünder, schlanker als bisher ernähren möchte, ist man auf der Suche nach passenden Rezepten. Die schmackhafte Praxis überzeugt am besten von der fit10©-Theorie. Hier finden Sie ein paar bewährte Vorschläge für einfache, trotzdem köstliche Gerichte, die auch Kochmuffel ganz leicht schaffen. Selber rühren, kochen, backen – das macht Spaß und es macht sicher: Man weiß, was drin ist im selber gemachten Essen. Die Vorschläge sollen Gusto machen auf das fit10©-Kochbuch. Es erscheint demnächst. Hier ein kleiner Vorgeschmack.

Frühstück

fit10©-Frühstücksmüsli

1 Portion Haferflocken
2 EL Weizenkleie
250 g mageres Joghurt
oder
250 ml Milch, 1,8 % Fett
2 Stück frisches Obst, geschnitten
15 g Walnüsse, grob gehackt

Haferflocken, Kleie und Milch oder Joghurt und Obststücke vermischen, Müsli mit den Nüssen bestreuen.

fit10©-Topfenaufstrich

Magertopfen mit etwas Mineralwasser glattrühren, mit Salz, frischen Kräutern, evtl. Knoblauch nach Geschmack würzen. Außerdem kann man geraspeltes Gemüse (Salatgurke, Karotte etc.) oder kleingehackte saure Gurken untermischen. Schmeckt hervorragend zum Beispiel auf Brot und zu Gemüse.

Mittagessen

fit10©-Fitness-Teller

Hühnerbrust, Grüner Salat, Tomaten, Joghurtsauce. Joghurtsauce aus Magerjoghurt, Knoblauch, Essig, Kräutern und Salz rühren. Etwas Olivenöl in einer Pfanne erhitzen, Hühnerbrust salzen und im Öl auf beiden Seiten bei mittlerer Hitze braten. Dazu gibt es die für Sie errechnete Portion Reis.

Risotto Capriani

1 Portion Reis gemeinsam mit Karotten, Zucchini, Tomaten in der doppelten Menge Suppe (Instant Bio-Gemüsebouillon) weichkochen. Risotto zum Schluss mit frisch geriebenem Parmesan binden. Dazu passt gemischter Salat.

Abendessen

fit10©-Gemüsesuppe

Kartoffeln (2 bis 3 Stück), Karotten, Zucchini, Brokkoli, Karfiol (Blumenkohl) und/oder noch anderes Gemüse in grobe Stücke scheiden (in Teil 2/Woche 4 bis 7 Kartoffeln weglassen). Gemüse in einen Topf geben, mit Wasser bedecken, wenig salzen und bei sanfter Hitze weichköcheln. Gemüse im Wasser pürieren (Stabmixer), mit Salz abschmecken und mit einem kleinen Löffel Sauerrahm und evtl. frischen Kräutern verfeinern. Dazu isst man 1 bis 2 Scheiben Brot (in Teil 2/Woche 4 bis 7 weglassen). Wenn Sie die Suppe am Abend essen, nicht aufs Eiweiß vergessen. Das kann gebratener Tofu sein oder Sie lassen Käse in der heißen Suppe schmelzen. Passt auch als Vorspeise zu Mittag und natürlich auch am Obst-/Gemüsetag.

fit10©-Forelle in Folie

Forelle innen kräftig mit Kümmel und Kräutern (Oregano, Basilikum, Thymian, frisch oder getrocknet) würzen, rundum etwas salzen. Ein Stück Alufolie leicht mit Olivenöl bestreichen, Forelle darin einpacken. (Eventuell kann man den Fisch auch auf ein Bett aus grob geschnittenem Gemüse legen.) Fisch bei 200 Grad ca. 30 Minuten braten. Dazu passt die Joghurtsauce (siehe Fitness-Teller) und grüner Salat.

fit10©-Eierspeise

Zucchini, Paprika oder anderes Gemüse in mundgerechte Stücke schneiden. Zwiebel fein schneiden und in Olivenöl hell anschwitzen, Gemüse zugeben und ein paar Minuten erhitzen. 2 Eier kurz durchrühren und zum Gemüse geben. Eierspeise bei mittlerer Hitze stocken lassen, dabei ab und zu umrühren. Eierspeise mit Vogerlsalat (Feldsalat) oder frischen Kräutern, wie Basilikum, Petersilie, Schnittlauch, bestreuen. Ein ideales Abendessen, bitte nicht täglich, im ersten Teil (Woche 1 bis 3) dürfen Sie auch Brot dazu essen.

Nachspeisen

fit10©-Kuchen ohne Fett

1 Becher Weizen-Vollkornmehl (oder Dinkel)
½ Pkg. Weinstein-Backpulver
4 Eier
1 Becher Magerjoghurt
½ Becher Apfelmus, ungezuckert
½ Becher Zucker
1 Pkg. Vanillezucker
½ Becher Instant-Kakao
1 Becher Mandeln, gerieben
1 Prise Salz

Mehl und Backpulver vermischen. Eier in Eigelb und Eiklar trennen. Mehl und Eigelb mit den übrigen Zutaten (außer Eiklar) rasch verrühren. Eiklar zu steifem Schnee schlagen und unterheben. Backblech mit Backtrennpapier belegen, Teig darauf verteilen und bei 180 Grad 20 bis 30 Minuten im vorgeheizten Backofen backen.

Ölkuchen ohne Öl

250 g glattes Mehl
½ Pkg. Weinstein-Backpulver
4 bis 5 Eier
6–7 EL Apfelmus (1/16 l), ungezuckert
6–7 EL Wasser (1/16 l)
180 g Feinkristallzucker
1 Pkg. Vanillezucker

Mehl und Backpulver mischen. Eier in Eigelb und Eiklar trennen. Apfelmus, Wasser, Zucker, Vanillezucker und Eigelb verrühren. Eiklar zu steifem Schnee schlagen. Schnee und Mehl abwechselnd unter die Eigelbmasse heben. Backblech mit Backtrennpapier belegen, Teig darauf verteilen und bei 180 Grad ca. 30 Minuten im vorgeheizten Backofen backen.

Tipp: Den Teig eventuell mit Obst nach Wahl belegen (Pfirsiche, Marillen, Beeren etc.).

Häufig gestellte Fragen und Antworten

Wer kann bei fit10© mitmachen, wer nicht?

Für Kinder und Jugendliche sind eine individuelle Beratung und der persönliche Kontakt wichtig. Für Kinder unter 17 Jahren ist die Methode fit10© noch nicht geeignet. Ich helfe aber gerne durch eine individuelle persönliche Beratung weiter. Jugendliche ab 17 Jahren können die Methode fit10© umsetzen, da es sich dabei um eine ausgewogene Ernährung handelt und richtiges Essverhalten erlernt wird. Eine Altersbegrenzung nach oben hin gibt es nicht. Ich habe Klienten, die über 70 Jahre alt sind, und erfolgreich abnehmen.

Kann man bei fit10© mitmachen, wenn man Probleme mit der Verdauung hat, unter Diabetes, Bluthochdruck, zu hohem Cholesterinspiegel (Hypercholesterinämie), Sodbrennen, etc. leidet?

Ich arbeite eng mit einem Ärztezentrum zusammen. fit10© ist eine Ernährungsoptimierung und kann daher zur allgemeinen Verbesserung von Beschwerden führen.

Wie sieht es bei fit10© mit dem Jo-Jo-Effekt aus?

Ein Jo-Jo-Effekt ergibt sich daraus, dass man bei falscher Gewichtsreduktion Muskelmasse abbaut und nicht Fett. Dies passiert vor allem durch eine falsche Zusammenstellung der Mahlzeiten und paradoxerweise durch eine viel zu niedrige Energieaufnahme. Wenn man dem Körper genau das gibt, was er braucht, kann er überschüssiges Fett verbrennen. Ich kontrolliere die Körperzusammensetzung mittels Bioimpedanz-Analyse und achte darauf, dass die Muskelmasse konstant bleibt und Fett schwindet. In den 10 Wochen lernt man wieder richtig zu essen, sodass man nicht unterversorgt ist und es auch danach nicht zu unvernünftigem Verlangen kommt. Man kann das Erlernte gut einhalten und läuft nicht Gefahr, wieder zuzunehmen.

Nimmt man mit fit10© Fett an bestimmten Stellen ab?

Die Erfahrung mit fit10© hat mir gezeigt, dass die Fettabnahme gleichmäßig am ganzen Körper erfolgt. Zur Kontrolle messe ich auch Hüft- und Taillenumfang. Eine Reduktion bis zu 20 Zentimeter (Bauch und Hüfte zusammengerechnet) in den 10 Wochen (natürlich abhängig vom Startgewicht) ist nicht selten.

Bei manchen Diäten wird streng das Eiweiß getrennt. Darf ich zum Frühstück Käse und Schinken mischen, oder zu Mittag Nudeln und Reis essen?

Ja selbstverständlich. Bei fit10© wird nichts getrennt oder weggelassen. Wichtig ist nur, dass die berechnete Menge dabei nicht überschritten wird, doch ob das Mittagessen aus einem Teil Reis und einem Teil Nudeln besteht, das spielt überhaupt keine Rolle. Auch zum Frühstück darf man ein Brot mit Schinken und eines mit Käse belegen.

Gibt es für fit10© spezielle Rezepte?

Man kann ganz normal kochen, auch Hausmannskost, insgesamt sollte man sparsam mit Fett umgehen. Aber ab und zu spricht auch nichts gegen einen (mageren) Schweinsbraten oder Wiener Schnitzel. Ein Kochbuch mit fit10©-Rezeptideen ist in Vorbereitung.

Klappt fit10©mit Pommes frites, Würstel, Wurst & Co?

Ab und zu dürfen auch diese ziemlich fetthaltigen Gerichte auf den Mittagsteller.

Sind bei fit10© Süßigkeiten erlaubt?

Ich bin selbst eine Naschkatze, und ja, es stimmt, es ist leichter erst gar nicht mit dem Naschen zu beginnen. Doch es ist auch wichtig, sich damit positiv auseinanderzusetzen. Ich versuche, Ihnen mit fit10© den richtigen Umgang mit Süßigkeiten nahezubringen und war bisher sehr erfolgreich damit (auch bei mir selbst).

fit10© – soll man vor Weihnachten damit beginnen?

Ganz ehrlich: Es gibt nie den optimalen Zeitpunkt, denn Feste, Urlaub oder Einladungen gibt es das ganze Jahr über, also warum dann nicht gleich loslegen? Und keine Angst: Sie müssen nicht auf Kekse, Stollen und Co. verzichten. Sie können Weihnachten genießen und sich gleichzeitig in Form bringen!

fit10© und die Joker: Was mache ich, wenn ich schon nach den ersten drei Wochen alle drei Joker verbraucht habe? Und in der vierten Woche wieder einen Joker brauche? Soll ich abbrechen oder weitermachen?

Wenn man alle Joker gleich zu Beginn verbraucht, ist vielleicht der Zeitpunkt des Starts ungünstig gewählt oder aber man nimmt das Programm nicht so richtig ernst. Wenn man seine Ernährung umstellen möchte, muss man eine gewisse Zeit konsequent an sich arbeiten, denn nur so kann man eine Veränderung bewirken und letztendlich auch seinen Körper so umstellen, dass es immer leichter wird. Auf keinen Fall sollte man abbrechen, es gibt ja auch nichts abzubrechen, denn essen muss man ja doch. Man sollte darauf achten, dass man nun eine Woche ohne Joker schafft. Dann hat man schon einmal Erfolg, ein Teilziel erreicht.

fit10© und kohlenhydratfreies Abendessen. Wie kann ich am Abend besser auf die Kohlenhydrate verzichten?

Diese Umstellung fällt am Anfang oft am schwersten, da man Brot oder andere Kohlenhydrate bisher gewohnt war. Wichtig ist es, am Abend sehr abwechslungsreich zu essen. Das heißt, nicht immer nur Schinken oder Hüttenkäse mit Tomaten, Gurke und Co, sondern auch einmal etwas Warmes zubereiten. Gemüsesuppe oder gebratenes Fleisch mit Salat oder Gemüse hilft eher, auf die Kohlenhydrate am Abend zu verzichten. Im Sommer ist es leichter, da greift man lieber einmal zu einem Salat oder zu Insalata Caprese, also Mozarella mit Tomaten. Kohlenhydrate erzeugen beim Verbrennen auch Wärme, daher immer warm anziehen, damit man nicht zu schnell fröstelt. Doch mit der Zeit sollte die gesamte Umstellung, vor allem das ausreichende Mittagessen, den Hunger am Abend kleiner werden lassen.

Ist es schlimm, wenn ich zwischendurch Obst- oder Gemüsesaft trinke?

Man sollte zwischen den Mahlzeiten tatsächlich auch kein Obst und kein Gemüse essen und schon gar nicht trinken. Diese Säfte sind oft sehr reich an Energie und an Fruchtzucker. Zum Essen ein kleines Gläschen davon, am besten verdünnt, ist kein Problem.

Wenn ich ein Stück Schokolade nach dem Mittagessen esse, dann bricht in mir die „Gier" aus und ich muss die ganze Tafel essen. Was kann ich tun, dass es bei dem einen Stück bleibt?

Dieses Phänomen ist häufig und auch ganz normal, es liegt meist am alten Essverhalten. Wenn man gewohnt war, viel zu naschen, dann erscheint ein Stückchen Schokolade lachhaft und unbefriedigend. Schlecht wäre es, ganz auf Schokolade zu verzichten, da der Heißhunger darauf zu groß wird, man irgendwann wieder „umfällt" und dann zu viel davon isst. Meiner Erfahrung nach hängt die große Lust auf Schokolade mit der Psyche zusammen. Bei einer meiner Klientinnen war es das Thema Liebe. Als Kind hatte sie immer Schokolade gegessen oder bekommen, wenn sie vorher unter Liebesentzug litt. Bestrafung durch Liebesentzug – gekoppelt mit der Schokolade als Trostpflaster. Deshalb griff sie stets zur Schokolade, wenn sie unterbewusst eigentlich mal wieder Liebe benötigte. Auch von Liebe kann man ja bekanntlich nicht genug kriegen.

fit10©und Erkrankungen: Was mache ich, wenn ich während der 10 Wochen krank werde? Soll ich abbrechen oder weitermachen?

Wenn man krank ist, kann man sicher nicht nach dem ©fit10®-Plan essen. Auf keinen Fall muss man wieder von vorne beginnen. Und wenn Medikamente oder Hustenzuckerl oder Hustensaft auch zwischen den Mahlzeiten notwendig wird, dann bitte nicht darauf verzichten, das ist auf gar keinen Fall notwendig, das macht keinen Sinn.

fit10© und Alkohol: Für mich gehört zu einem schönen, angenehmen Abendessen einfach die Flasche Wein. Wenn ich zehn Wochen darauf verzichten soll, dann ist das für mich kein Vergnügen. Kann man den Wein doch irgendwie in den Plan mit einbauen, vielleicht z.B. weniger Kohlenhydrate zu Mittag essen oder statt der Nachspeise am Abend ein Gläschen?

Man muss auf gar keinen Fall 10 Wochen lang auf etwas verzichten, auch nicht auf Alkohol. Es wäre gut, wenn man in den ersten Wochen, so gut es geht, den Alkohol weglässt, quasi eine Pause einlegt, da Alkohol den Appetit ankurbelt. Bevor dies jedoch zu Stress ausartet ist es besser, Sie gönnen sich ein Gläschen täglich, wenn Sie sonst, so gut es geht, Ihren Plan einhalten. Aber eine ganze Flasche täglich wäre wirklich viel zu viel. Alkohol hat fast einen so hohen Energiewert wie Fett. Und ein Einbau von Alkohol in einen sinnvollen Ernährungsplan ist eigentlich nicht möglich, denn was soll man reduzieren, um Alkohol einbauen zu können? Alkohol ist etwas, was der Körper absolut nicht braucht.

fit10© und die Kaffee-Jause: Mein Problem sind die Einladungen am Nachmittag bei der Nachbarin oder einer Freundin, meistens gemeinsam mit den Kindern. Da gibt es dann Kuchen und Kaffee. Ich kann hier nicht Nein sagen, viel zu groß ist dann, nach drei Stunden, der Hunger. Wie kann ich dem widerstehen? Oder soll ich zehn Wochen lang auf solche Vergnügen verzichten? Haben Sie einen Tipp?

Manchmal muss man sich verändern, um Veränderungen zu bewirken. Ich würde auf gar keinen Fall derartigen Einladungen fernbleiben. Stellen Sie sich die Frage, warum Sie sich auf diese Einladungen freuen. Weil Sie dort liebe Leute treffen? Oder weil Sie dort Kuchen bekommen? Ich würde lediglich auf den Kuchen verzichten, aber nicht immer, den Kaffee dürfen Sie auf jeden Fall genießen.

fit10© und dabeibleiben: Ich habe schon dreimal mit fit10© begonnen und dreimal habe ich abgebrochen. Jetzt glaube ich nicht mehr daran. Ich glaube, ich schaff das nicht. Auch viele andere Diäten habe ich bereits begonnen und nicht durchhalten können. Ich bin einfach dafür zu schwach. Was soll ich tun?

Meist ist der Ansatz ein falscher, daher funktioniert es nicht. Wenn man an eine Sache herangeht und dabei denkt: „Das muss ich jetzt schaffen, das ist meine letzte Chance!", ist dies meist zum Scheitern verurteilt; der Druck ist zu groß. Ich habe schon oft erlebt, dass Klienten, die die Sache sehr entspannt begonnen haben, weil sie dachten: „Ich kann eh nichts mehr verlieren", sehr gute Erfolge hatten. Auch ist es wichtig, die 10 Wochen nicht als Diät zu sehen, denn eine Diät hat ein Ende, dagegen ist fit10© der Anfang einer bewussteren, gesünderen Ernährungsweise. Stecken Sie sich Ihr Ziel nicht zu hoch, sondern gehen Sie in kleinen Schritten an die Sache heran. Belohnen Sie sich schon für eine kleine Veränderung, die Sie schaffen, z.B. sich an die drei Mahlzeiten zu halten. Das ist ein großer Schritt und bewirkt sehr viel! Manchmal stehen psychische Probleme dahinter, wenn man es wirklich nicht schaffen kann. Da wäre es am besten, wenn Sie therapeutische Hilfe in Anspruch nehmen. Oder es sind Ängste darunter versteckt. Fett und Fettzellen beschützen ja auch den Körper vor Fremdeinflüssen.

fit10© – wie kann ich mich für eine Beratung anmelden?

Informieren Sie sich bitte im Internet auf www.fit10.at.

Wo finde ich die aktuellen fit10©-Termine?

Alle Termine und weitere Informationen finden Sie auf www.fit10.at

Protokoll Muster ausgefüllt

Taille Wo 1	92	Taille Wo 10	
Hüfte Wo 1	112	Hüfte Wo 10	

Pulswerte	Beginn	Wo 3	Wo 7	
	66	64		

Gewicht	kg
Wo 1	84
Wo 2	82,5
Wo 3	81
Wo 4	81
Wo 5	79,4
Wo 6	
Wo 7	
Wo 8	
Wo 9	
Wo 10	

Sport	Ausd.	Ausd.	Ausd.	Ausd.	Bemerkung
Wo 1	☒	☒	☐	☒	zu viel Arbeit, daher ein Training nicht
Wo 2	☒	☒	☒	☒	KRANK
Wo 3	☒	☒	☐	☐	fühle mich fit
Wo 4	☒	☒	☒	☒	
Wo 5	☐	☐	☐	☐	
Wo 6	☐	☐	☐	☐	
Wo 7	☐	☐	☐	☐	
Wo 8	☐	☐	☐	☐	
Wo 9	☐	☐	☐	☐	
Wo 10	☐	☐	☐	☐	

Ernährung	Woche erledigt	Obst-/Gemüsetag	Dinner light	Bemerkung
Wo 1	☒			abends hungrig, sonst kein Problem
Wo 2	☒			Hunger wird besser
Wo 3	☒	☒		1 Joker Geburtstagsfeier, Büffet am Abend, Torte, Alkohol
Wo 4	☒	☐		Obst-/Gemüsetag kein Problem, fühle mich sehr gut, mehr Blähungen
Wo 5	☐	☐		
Wo 6	☐	☐		
Wo 7	☐	☐		
Wo 8	☐	☐	☐	
Wo 9	☐	☐	☐	
Wo 10	☐	☐	☐	

Protokoll Kopiervorlage

Taille Wo 1	Taille Wo 10
Hüfte Wo 1	Hüfte Wo 10

	Beginn	Wo 3	Wo 7	Wo 10
Pulswerte				

Gewicht	kg
Wo 1	
Wo 2	
Wo 3	
Wo 4	
Wo 5	
Wo 6	
Wo 7	
Wo 8	
Wo 9	
Wo 10	

Sport	Ausd.	Ausd.	Ausd.	Ausd.	Bemerkung
Wo 1	☐	☐	☐	☐	
Wo 2	☐	☐	☐	☐	
Wo 3	☐	☐	☐	☐	
Wo 4	☐	☐	☐	☐	
Wo 5	☐	☐	☐	☐	
Wo 6	☐	☐	☐	☐	
Wo 7	☐	☐	☐	☐	
Wo 8	☐	☐	☐	☐	
Wo 9	☐	☐	☐	☐	
Wo 10	☐	☐	☐	☐	

Ernährung	Woche erledigt			Bemerkung
Wo 1	☐			
Wo 2	☐	Obst-/Gemüsetag		
Wo 3	☐	☐		
Wo 4	☐	☐		
Wo 5	☐	☐		
Wo 6	☐	☐		
Wo 7	☐	☐	Dinner light	
Wo 8	☐	☐	☐	
Wo 9	☐	☐	☐	
Wo 10	☐	☐	☐	

Claudia

Claudia ist 37 Jahre alt, sie ist verheiratet, arbeitet in einem Büro, sitzt viel. Ihr Alltag ist durchschnittlich: Arbeit, Haushalt und seit einem Jahr regelmäßig Sport. Am Wochenende geht sie sehr gerne mit Freunden aus.

Claudia hatte am Starttag 137 kg bei einer Körpergröße von 163 cm.

Nach den Ergebnissen der Bio-Impedanz-Analyse (Messung der Körperzusammensetzung) und einer allgemeinen Anamnese wurden die Portionen ihres persönlichen fit10©-Plans errechnet.

Verlaufsmessung

Nach der fit10© Methode

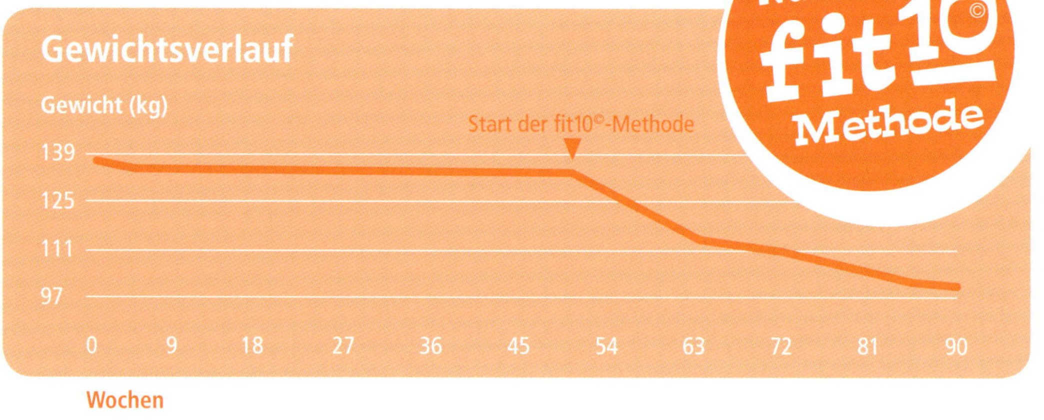

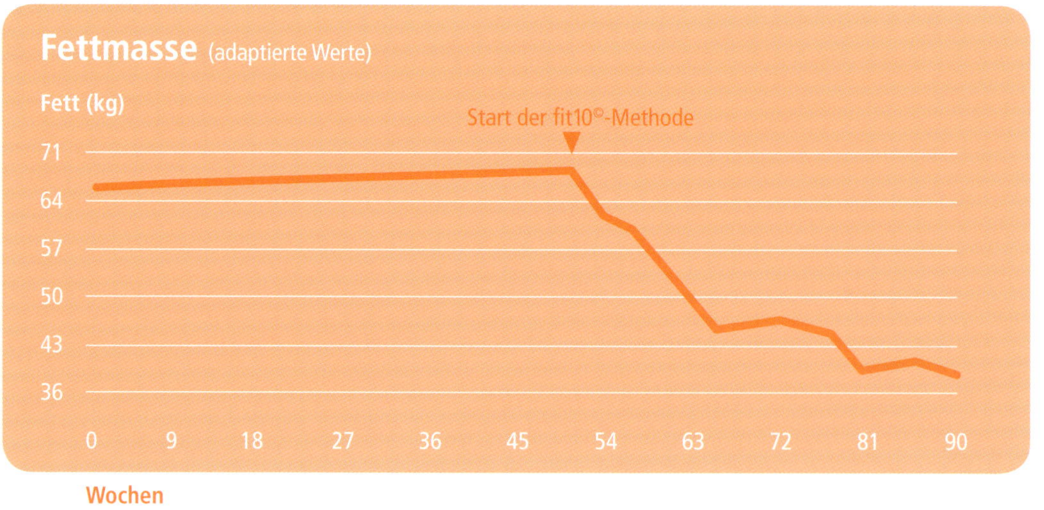

Frühstück

Beispiele:

Teil 1 (Woche 1 bis 3)
zweieinhalb Scheiben Brot (je 40 g)
plus Hüttenkäse
PLUS
Gurke
Kaffee

Teil 2 (Woche 4 bis 7)
eineinhalb Stück dunkles Gebäck
PLUS
Kräuteraufstrich und Schinken
1 kleines Joghurt mit Obst
Kaffee

Teil 3 (Woche 8 bis 10)
ein Stück dunkles Gebäck
PLUS
Margarine
PLUS
Marmelade
PLUS
1 Scheibe Brot mit Käse
Kaffee

Mittagessen

Beispiele:

Teil 1 (Woche 1 bis 3)
Spagetti bolognese aus
250 g Hartweizengrieß-Nudeln und
ca. 140 g Sugo (90 bis 100 g Fleisch
plus Tomatensauce)
PLUS
Salat

Teil 2 (Woche 4 bis 7)
ca. 380 g Reisfleisch
(aus 80 g Reis roh,
120 g Fleisch roh, Zwiebel –
herkömmliche Zubereitung.)
PLUS
Salat

Teil 3 (Woche 8 bis 10)
Linseneintopf (ca. 250 g Linsen, gekocht)
PLUS
1 Semmelknödel
Nachtisch: z.B. ca. 120 g Topfencreme mit
Früchten

Abendessen

Beispiele:

Teil 1 (Woche 1 bis 3)
3 Kartoffeln
PLUS
60 g Topfen-Joghurt-Dip
PLUS
2 Handvoll Gemüse

Teil 2 (Woche 4 bis 7)
100 g Tofu
PLUS
gebratenes Gemüse und Sojasauce

Teil 3 (Woche 8 bis 10)
1 Schöpfer Nudeln (gekocht)
PLUS
80 g gebratene Forelle
PLUS
Gemüse
Dinner light: z.B. 300 g Buttermilch

Die angegebenen Portionsgrößen sind für Claudia bemessen – die für Sie passenden erfahren Sie in Ihrer persönlichen fit10©-Beratung.

Verlauf

Claudia hatte am Starttag im April ca. 135 kg.
Im November sind wir bei 101 kg angekommen, also ein Minus von 34 kg in 7 Monaten.
Wir arbeiten nach wie vor zusammen, machen weiter.

Startgewicht: **135 kg**
Zwischenstand: **101 kg**
Start Fettwert: **66 kg**
Zwischenstand
Fettwert: **39 kg**
Wasserverlust: **7 kg**

Kommentar

Mag. Christina Lachkovics-Budschedl:
Claudia hat mich das erste Mal vor längerer Zeit kontaktiert. Damals war sie aber für die Veränderung ihrer Ernährung noch nicht bereit. Der Kontakt zu mir damals wie heute kam über ihren praktischen Arzt zustande, der auch mich gut kennt.

Claudias Gesundheitszustand wurde laufend schlechter, der Blutdruck stieg an, die Blutzuckerwerte steuerten in Richtung Diabetes. Sie kontaktierte mich also erneut – und diesmal war sie tatsächlich bereit.

Schon bevor sie zu mir kam, hatte sie mit Sport begonnen. Sie ging bereits zwei bis drei Mal in der Woche schwimmen oder walken. Sie sprühte richtig, war voll motiviert, und es ist noch immer eine große Freude, sie zu betreuen, denn sie hält sich an das, was wir ausmachen, was wir besprechen.

Seit dem Beginn machen wir regelmäßige Kontrollen, besprechen die neue Situation, wobei es nicht mehr wirklich viel zu besprechen gibt, denn Claudia ist bereits ein Profi.

Die BIA-Messung ist für sie eine gute Möglichkeit zur Motivation, da sie so ihre Fortschritte schwarz auf weiß sehen kann. Und ich habe die Kontrolle, dass Claudia keine Muskeln abbaut. Eigentlich kann es bei dieser Form der Ernährung zu keinem Muskelabbau kommen. Dennoch ist eine Kontrolle auch für mich wichtig und interessant.

Ich habe Claudia für dieses Buch ausgewählt, weil ihr Beispiel zeigt, dass auch Frauen und Männer mit wirklich hohem Übergewicht bzw. Adipositas das Steuer herumreißen können, sich nicht entmutigen lassen dürfen. Man kann es schaffen – und laut Claudia tut es nicht einmal weh. Im Gegenteil, jetzt tut ihr nichts mehr weh und ihr medizinischer Befund hat sich deutlich verbessert. Claudia ist noch nicht an ihrem Ziel angekommen, doch so wie sie vor Freude und Glück strahlt, wird sie es bestimmt schaffen.

Claudia:

»Christina habe ich durch meinen praktischen Arzt kennen gelernt. Mein körperlicher Zustand war ebenso schlecht wie meine Laborwerte. Um es unverblümt zu sagen: Ich war 37 Jahre alt, fett und faul, habe mich – außer auf mein Sofa, zum Kühlschrank und wieder zurück – nicht bewegt. In der Nacht habe ich wegen meiner zu hohen Zuckerwerte geschwitzt, ich habe geschnarcht. Ich schnaufte bei jeder kleinsten Bewegung. Mein Körper hat einfach gestreikt. Ich war nur mehr am Schlafen, weil ich dauernd müde und abgespannt war. Hatte unreine Haut, Pickel. Es war höchste Zeit, etwas zu ändern.

Im April hatte ich endlich einen Termin bei Christina fixiert. Sie hat meinen fit10©-Plan erstellt, mir alles sehr anschaulich erklärt und gesagt, worauf ich aufpassen sollte. Es fiel mir nicht leicht, diese Mengen an Essen zu mir zu nehmen. Es war viel mehr, als ich vorher gegessen habe, aber nun sind es die richtigen Nahrungsmittel.

Die Kilos purzelten nur so. Ich achte auf das, was ich esse, habe mehr Bewusstsein bekommen.

Alle drei bis vier Wochen habe ich einen Kontrolltermin. Da wird Gewicht, Fett und Bauchumfang gemessen. Also, ich brauche die ständige Kontrolle, das gibt mir Sicherheit und unterstützt mich bei meinem Vorhaben.

Sieben Monate später: Seit ich nach meinem fit10©-Plan esse, habe ich kontinuierlich abgenommen, es gab keinen Stillstand. Ich hatte auf einmal so viel Energie wie nie zuvor, und das in kürzester Zeit. Ich bewege mich nicht mehr nur zum Kühlschrank, sondern hinaus in die Natur, zum Walken und ins Schwimmbad – pro Woche dreimal eine Stunde schwimmen und ein- bis zweimal walken.

Ich schnarche und schwitze nicht mehr in der Nacht. Mein Blutbefund ist jetzt wieder von A–Z im grünen Bereich. Ich habe zehn (!) Kleidergrößen weniger und fühle mich rundum wohl. Ich freue mich, wenn ich zu Christina zur Kontrolle komme – und wieder weniger Gewicht auf die Waage bringe. Meine Haut ist schöner geworden. Ich habe eine viel positivere Ausstrahlung, nehme wieder am Leben teil. Ich bin nicht mehr so launenhaft. Ich will nur unter Leute gehen, einfach wieder Spaß haben, brauche viel weniger Schlaf und bin in der Früh fit.

Ich bin einfach stolz darauf, dass ich so weit gekommen bin. Mein Ziel habe ich noch nicht erreicht, aber ich habe mir keine Frist gesetzt. Und diese Gewichtsreduktion fiel mir leicht, ich musste nicht hungern. Ich esse mich einfach richtig gesund!«

Zu guter Letzt – vielen Dank!

Zuallererst möchte mich bei meinen vielen Klienten bedanken, die mir ihr Vertrauen geschenkt haben: Denn es gehört schon eine Portion Mut dazu, eine Ernährungsumstellung, eine Diät zu beginnen, bei der man abnehmen, Fett verlieren möchte – und dann ist da jemand, der einen davon überzeugen will, viel mehr zu essen. Noch dazu Kohlenhydrate. Wo man doch schon so oft gehört, dass gerade die dick machen!

Aber es hat funktioniert! Ich möchte hier allen zu ihrem wirklich tollen Erfolg gratulieren. Mittlerweile habe ich schon weit über tausend fit10©-Pläne erstellt und eine Erfolgsquote von über 95 Prozent erreicht – seit März 2010 haben meine Klienten über 8 Tonnen Fett abgebaut.

Vielen Dank auch an Sandra König von der „Kronen Zeitung“. Ich habe sie ganz einfach angerufen, ihr in nur fünf Minuten von meinem Erfolg mit fit10 erzählt, sie offenbar überzeugt. Sie hat noch in derselben Woche auf einer Doppelseite von mir, der Methode fit10© und meinem Erfolg damit berichtet. Der Erscheinungstag dieses Berichts, der 19. Juni 2010, hat mein Leben, und natürlich das meiner Familie, im wahrsten Sinne des Wortes auf den Kopf gestellt – im positiven Sinne. Ich bekam über 2000 Anfragen, liebe Worte, viel Zuspruch – und sehr viele neue Klienten, die mit großem Erfolg mit der fit10©-Methode Fett verloren haben, sich fitter, gesünder, besser fühlen. Durch Sandra König haben viele Menschen von der Methode fit10© erfahren, konnten ihre Ernährung in eine gesunde Richtung umstellen – und vor allem viel Fett verlieren. Ich freue mich über unsere Zusammenarbeit an diesem Buch.

Ich möchte mich auch bei Anneliese Paulhart und Eva Manhardt vom Kneipp-Verlag in Wien herzlich bedanken, die sich beide sehr rasch für die Idee dieses Buches erwärmen konnten. Sie haben mit ihrer ruhigen und kompetenten Art sehr viel zur Entstehung dieses Buches beigetragen. Vielen herzlichen Dank!

Für den professionellen Feinschliff dieses Buches möchte ich mich ganz besonders bei Elfi Jirsa bedanken. Die Zusammenarbeit mit ihr war sehr positiv und vor allem einfach.

Wien, im März 2011
Mag. Christina Lachkovics-Budschedl

Tolle Rezepte, die in keinem ernährungsbewussten Haushalt fehlen sollten

Pabst / Jeitler / Kiefer / Rathmanner / Kunze

Die gesunde Küche

480 Seiten, farbig, Hardcover mit Schutzumschlag
ISBN 978-3-7088-0015-8

EUR 19,95 / www.kneippverlag.com

Ist Süßstoff besser als sein Ruf?

Seit Jahrzehnten wird behauptet, dass Süßstoff gefährlich sei oder sogar dick mache. Die Zuckerlobby kämpft mit allen Mittel gegen die Süßstofflobby und neuerdings macht sich die Stevialobby besonders stark. Der Medizinjournalist, Diätassistent und Ernährungsexperte Sven-David Müller beschäftigt sich seit 20 Jahren wissenschaftlich und publizistisch mit Süßstoffen. Er klärt den Mythos Süßstoff auf und zeigt, ob Süßstoffe gefährlich sind, ob sie die heimlichen Dickmacher darstellen und ob Kälber und Ferkel Süßstoff als Mastmittel bekommen.

Sven-David Müller
Mythos Süßstoff
Die ganze Wahrheit über künstlichen und natürlichen Zuckerersatz.
Plus: Alles über Stevia
128 Seiten,
durchgehend farbig
ISBN 978-3-7088-0496-5
EUR 17,95

Bestellen Sie unter www.kneippverlag.com

Jetzt NEU!

DAS STEVIA-BACKBUCH

Das Süßungsmittel Stevia steht kurz vor der Zulassung als Lebensmittelzusatzstoff und ist bereits seit einigen Jahren in Reformhäusern erhältlich. Doch wie bereitet man Süßspeisen und Backwaren mit Stevia-Produkten zu? Gina Martin-Williams bäckt seit vielen Jahren mit Stevia und veröffentlicht nun erstmals ihre Lieblingsrezepte, die besonders leicht sind: Ihre Kuchen, Kekse & Plätzchen, Torten und Desserts sind nicht nur mit Stevia gesüßt, sondern auch mit besonders wenig Fett zubereitet – und schmecken trotzdem richtig gut! Alle Rezepte sind kalorienberechnet.

Gutschein für den fit10©-Plan

Exklusiv für Leser: Sparen Sie € 24,–

- Gutschein ausfüllen
- Beratungsform wählen (Infos unter http://fit10.at/html/fit10.html)
- Gutschein ausschneiden und per Post senden an:
  Christina Lachkovics-Budschedl, A-2326 Maria Lanzendorf, Friedrich Melzer-Straße 11
- Das fit10©-Team meldet sich bei Ihnen

Vorname: ____________________ Nachname: ____________________

E-Mail: ____________________ Tel.: ____________________

PLZ: __________ Ort: ____________________

Adresse: ____________________

Beratungsform: (bitte ankreuzen)

☐ Online

☐ Persönlich

Terminvorschläge: ____________________

Bemerkung: ____________________

____

Unterschrift: ____________________